오늘
내 마음은
빨강

우리 아이 정서 지능을 결정하는
엄마표 미술 육아

오늘 내 마음은 빨강

이주영 지음

들어가며

예술로 지은 부모와 아이,
둘만의 작은 공간
엄마의 아틀리에로 아이를 초대해 보세요

아름다운 예술 작품은 슬픔에 위안을
기쁨에 긍정을 가져다줍니다.
인간의 삶이 가치가 있음을 보여 줍니다.
- 로저 스크러턴(Roger Scruton, 영국의 철학자이자 작가)

"우리 아이 그림 좀 봐 주세요. 뭐 문제 있는 거 아니에요?"

아트 테라피, 미술치료를 한다고 하면 대부분 이런 반응이 돌아옵니다. 미술치료 강의와 상담을 해 온 지 벌써 20년이 훌쩍 넘었건만, 좀처럼 이런 오해는 풀리질 않는 것 같습니다. 사실 그림 한 장만 보고는 절대 아이의 마음을 알 수 없습니다. 다 그린 그림만 보고 그 그림을 그린 사람을 판단하는 것만큼 위험한 것도 없지요. 예술에 정답이 없는 것처럼 아이의 마음도 마찬가지입니다.

오래 지속된 코로나 팬데믹으로 학교 수업과 교외 활동이 줄면서 소아 우울증이 급증했다고 합니다. 게다가 미디어 사용 연령이 낮아지면서 아이들이 조숙해지고 너무 일찍 다양한 자극에 노출이 되고 있지요. 자극은 쏟아지는데, 바깥으로 풀 길은 없는 아이들의 감정이 속에서 곪아 터지고 있습니다. 최근에는 인공지능 기술의 발전으로 정서 지능에 대한 중요도가 높아지면서, 감정 교육에 대한 관심도 높아지고 있습니다. 정서 지능은 자신의 감정이 무엇인지 인식하고 이를 적절히 조절할 줄 아는 능력을 말합니다. 정서 지능이 발달한 아이들은 타인의 감정을 알고 이에 따라 상황에 맞게 알맞게 대처할 줄 알지요. '감정'을 '교육'한다는 것이 조금 낯설 수 있습니다. 하지만 말을 배우듯 하나씩 느끼고 다루며 배워 나가야 하는 것이 감정입니다. 사춘기가 되어 굳게 닫은 방문을 바라보며 저 아이가 왜 저럴까? 아이와 대화를 해야지 하다가는 절대 돌이킬 수 없는 것이지요. 모든 관계가 그러하듯 부모와 자녀의 관계 역시 갑자기 시작한다고 되는 게 아닙니다. 예방 주사를 맞듯, 미리 여러 감정을 다루고 서로의 마음을 주고받고 치열하게 대화하는 것이 중요합니다. 그리고 이것은 빠르면 빠를수록 좋지요.

하지만 언어 표현이 서툰 아이들이기에 대화만으로 아이의 마음을 정확히 알고, 서로 이야기를 나누기란 한계가 있습니다. 이때, 예술이 아주 좋은 도구가 될 수 있습니다. 예술만큼 마음과 맞닿아 있는 게 또 있을까요.

　10여 년 전, 사운드 테라피에 대한 세미나에 참석한 적이 있습니다. 강의 전 삼삼오오 떠들고 있는데, 어느 순간 우는 소리 같기도 하고 웃는 소리 같기도 한 소리가 들려왔습니다. '강사는 왜 안 들어오지?' 다들 웅성대는데, 어느 순간 제 귀에 '윙' 하는 소리가 들리더군요. 그렇게 모두 점점 소리에 귀를 기울이는데, 그 소리가 참 오묘하더라고요. 누군가는 이 소리를 들으며 미소를 짓고, 누군가는 훌쩍이며 눈물을 훔치는 겁니다. 잠시 후, 강사가 이 신기한 소리를 내는 악기인 '싱잉볼'을 들고 등장했습니다.

　"지금 이 소리를 들으셨나요? 늘 부정적인 사람은 그 소리에 모든 부정적인 생각들로 마음을 채웁니다. 반대로 긍정적인 사람은 모든 긍정적인 생각들이 마음을 채우지요. 소리로 우리의 마음을 어루만질 수 있습니다."

　아마 누구나 이런 신기한 경험을 해 봤을 겁니다. 대단한 클래식이나 명화가 아니더라도, 어떤 그림이나 조형물 앞에서 짜릿한 감정을 느끼거나 어떤 노래를 들으면서 울컥 눈물을 흘려 본 경험이. 아시다시피 테라피Therapy는 '치료, 치료 방법'이라는 뜻을 갖고 있지요. 'Art is Therapy.' 말 그대로 예술은 그 자체로 하나의 치료일 수 있고, 치료의 수단이 될 수 있습니다. 그러니까 아트 테라피는 그렇게 거창한 것이 아닙니다. 물론 전문 이론을 가지고 장대하고 자세하게 설명할 수도 있겠지만, 이 책은 그런 딱딱한 전문서가 되기를 원치 않습니다. 이 책은 다양한 미술 활동을 통해 즐겁고 자연스럽게 가정에서 아이의 정서 지능을 높여 줄 수 있는 가이드북입니다. 아이를 사랑하는 마음, 아이를 알고 싶고 돕고 싶은 부모의 마음을 헤아려 주고, '예술' 특별히 '미술'을 통해 아이의 마음에 가닿는 부모와 아이 모두가 행복한 책이 되기를 기대합니다.

어린 시절, 몸이 좋지 않았던 저는 오랜 시간을 병원에서 지내야 했습니다. 어린아이가 병원에서 할 수 있는 것은 많지 않았지요. 그렇게 그림 그리기가 시작되었습니다. 그림은 심심한 시간을 채워 주고, 아픔에서 잠시 눈을 돌리게 해 주고, 완성했을 때의 보람과 만족감을 주었습니다. 그리고 시간이 지나서 알게 되었지요. 바로 그게 '아트 테라피'라는 것을.

이 책에는 정답이 담겨 있지 않습니다. 태양을 꼭 빨간색으로만, 나무를 꼭 초록색으로만 그려야 하는 것은 아니니까요. 누군가는 이 책의 제목을 보고 '빨강'이란 색에서 따뜻함을 느꼈을 것이고, 누군가는 분노나 짜증을 느꼈을 겁니다. 똑같은 색을 보고 느끼는 감정이 사람마다 다르듯 감정에 정답은 없다는 것을 책 제목을 통해 알리고 싶었습니다. 우리 아이들은 한 명 한 명 다 다르고, 그것을 인정하는 것에서부터 아트 테라피는 시작됩니다. 아이를 판단하는 수단이 아닌, 아이의 마음을 알아주고 서로의 마음을 나누는 것. 그것이 바로 이 책을 통해 선물하고 싶은 것입니다.

　일주일에 한 번, 부모와 아이만의 작은 아틀리에를 마련해 보세요. 함께 그리고, 색을 고르고, 칠하고, 오리고, 만들면서 아이의 숨겨진 아픔과 문제들을 들여다보고 바로 세워 줄 수 있습니다. 아이의 부족한 감정을 채워 주고, 정서 지능을 키워 줄 수 있습니다. 또한 이 책은 자녀만을 위한 책은 아닙니다. 아이의 그림에 비친 부모가 된 나를 되짚어 보는 것 또한 이 책이 주는 작은 선물이랍니다.

이 책을 이렇게 활용하세요

❶ 이 책은 우리 아이의 마음에 대해 총 18개의 주제의 이야기와 26개의 활동으로 이루어져 있습니다.

❷ '매주 토요일, 15분'처럼 아이와 함께 미술 활동을 하는 시간을 정해 보세요. 재미있는 놀이를 하는 기분으로 약속을 정하는 것이 중요합니다.

❸ 활동 후 책에 수록된 '마음 일기'에 후기를 기록해 보세요. 활동을 통해 새롭게 알게 된 아이의 마음, 그리고 새롭게 알게 된 나의 마음 등 새롭게 깨달은 내용들을 자신의 글로 정리해 보는 것이 중요합니다.

❹ 아이와 활동할 때 이 세 가지는 꼭 기억하세요.

첫째, 판단하지 말 것
둘째, 긍정적인 것부터 말하기
셋째, 아이를 믿기

자, 그럼 이제 아틀리에의 문을 열어 볼까요?

목차

들어가며 　예술로 지은 부모와 아이, 둘만의 작은 공간　5
　　　　　엄마의 아틀리에로 아이를 초대해 보세요

CHAPTER 1 　그림, 아이의 마음을 열다

아이의 그림이 마음의 단서가 된다　18
우리 아이 그림, 어떻게 읽어야 할까?　21
믿음, 대화의 열쇠　34
★ 몸풀기 활동 　그림 완성하기　39
♥ 우리 아이 마음 일기　43

CHAPTER 2 　우리 아이 마음 읽기

오늘을 채우는 색을 골라 볼까?　46
★ 활동 1 　오늘을 채우는 색을 골라 보자　56
★ 활동 2 　엄마, 아빠를 무슨 색으로 칠해 볼까?　58
♥ 우리 아이 마음 일기　59

세상에 나쁜 색은 없다　60
★ 활동 　우리 가족의 색을 칠해 보자　68
♥ 우리 아이 마음 일기　70

선을 넘어도 괜찮아　71
★ 활동 1 　색종이로 알아보는 우리 아이 기질　78
★ 활동 2 　기질별 미술 놀이　79
♥ 우리 아이 마음 일기　85

잘할 수 있다 별   86
- ★활동 집 안과 밖이 다른 우리 아이, 괜찮은 걸까?   91
- ♥ 우리 아이 마음 일기   93

우리 가족은 어떤 모습일까?   94
- ★활동 1 가족화로 우리 가족의 모습을 알아보자   98
- ★활동 2 우리 가족은 어떤 모양일까?   99
- ♥ 우리 아이 마음 일기   100

우리는 연결되어 있을까?   101
- ★활동 스킨십으로 애착 형성하기   106
- ♥ 우리 아이 마음 일기   107

CHAPTER 3 우리 아이 마음 키우기

자존감 너는 사랑받기에 충분해   111
- ★활동 우리 아이 자존감은 어느 정도일까?   115
- ♥ 우리 아이 마음 일기   118

불안감 걱정 마. 너는 안전해   119
- ★활동 불안해하지 마. 너는 안전하단다   122
- ♥ 우리 아이 마음 일기   124

집중력 너와 내가 눈을 맞출 때 125
- ⭐활동 1 엄마의 눈을 그려 보자 126
- ⭐활동 2 만다라를 통해 집중력을 높여 보자 127
- 💚 우리 아이 마음 일기 129

분노 조절 화가 날 때 어떻게 하면 풀릴까? 130
- ⭐활동 1 우리 아이는 무엇에 화가 났을까? 136
- ⭐활동 2 감정을 발산하도록 도와주자 137
- ⭐활동 3 억눌렸던 감정을 풀어 주자 138
- 💚 우리 아이 마음 일기 139

절제력 스마트폰이 없으면 불안해 140
- ⭐활동 1 그림 손 잠금장치 143
- ⭐활동 2 이어 그리기 게임 145
- 💚 우리 아이 마음 일기 147

우울감 친구들도 싫고, 학교(유치원)도 가기 싫어 148
- ⭐활동 1 기분을 밝게 해 주는 컬러링 152
- ⭐활동 2 불편한 감정이 느껴진다면? 153
- 💚 우리 아이 마음 일기 154

사회성 나를 알고 남을 이해하기 155
- 활동 1 나는 어떤 얼굴을 하고 있을까? 158
- 활동 2 어떤 표정을 지으면 좋을까? 159
- ♥ 우리 아이 마음 알기 160

스트레스 마음이 너무 힘들고 복잡해 161
- 활동 만다라 컬러링 164
- ♥ 우리 아이 마음 일기 165

사춘기 나도 나를 잘 모르겠어 166
- 활동 1 '오늘의 기분 달력'을 만들어 보자 170
- 활동 2 내 얼굴을 그려 보자 172
- 활동 3 스트레스를 날려 버리자 173
- ♥ 우리 아이 마음 일기 175

책을 맺으며 부모에게도 감정 수업이 필요합니다 176
활동 자료 모음 179

CHAPTER 1

그림,
아이의 마음을
열다

아이의 그림이
마음의 단서가 된다

딸아이가 초등학교 5학년이 되었을 무렵, 책상을 정리하는데 심상치 않은 쪽지가 눈에 들어왔습니다. 작은 종이에 빨간색으로 사선이 마구 그어져 있었어요.

'친구랑 무슨 일이 있었나? 벌써 사춘기인가? 화가 난 걸까?'

복잡해지는 머릿속을 추스르고 딸에게 가 쪽지를 내밀었습니다.

"학교에서 무슨 일 있었어?"

쪽지와 나를 번갈아 보던 딸이 "몰라." 하며 울음을 터뜨렸습니다.

"괜찮아, 엄마한테 말해 봐."

같은 반에 눈이 잘 안 보이는 친구가 있는데, 반장이었던 딸이 선생님의 부탁으로 그 친구와 늘 함께 다니며 챙겨 주고 있었다고 합니다. 그런데 반 아이 중 몇 명이 친구를 자꾸 놀리고 괴롭힌다는 겁니다.

"엄마, 내가 그 친구들 다 혼내 주고 싶었는데…, 힘이 없어서 너무 속상했어."

"꼭 힘이 아니라도 친구를 지켜 줄 수 있는 방법은 많아. 옆에 있어 주는 것만으로도 힘이 될 수도 있고, 힘으로 안 될 때는 지혜롭게 친구를 도와줄 수 있지. 친구가 그런 놀림을 스스로 이겨 낼 수 있게 도와주면 돼."

사실 아이가 부모에게 차마 말하지 못하고 끙끙 앓는 사례 중 학교 폭력으로 인한 사례가 많습니다. 자신이 괴롭힘의 대상이 아니더라도 폭력의 현장이나 왕따와 같은 감정적 폭력의 현장 속에 포함되는 순간 아이들은 마음의 상처를 입고 맙니다. 두려움, 무력감, 죄책감 등 다양한 감정을 느끼게 되지요. 그런데 아이들은 자신을 믿어 주는 부모를 실망시켜서는 안 된다는 생각이 강하거나 보복이 두려워서 부모에게 쉽게 털어놓지 못합니다. 아이가 자신의 상처를 숨기는 상황에서 부모가 아이를 도울 수 있는 방법은 없을까?

다음 페이지의 그림은 초등학교 6학년 남자아이의 그림입니다. 무엇이 가장 눈에 띄시나요? 밤나무에서 밤송이가 마구 떨어지는데 그 밤송이가 특정 아이에게 집중되어 있지요. 바로 자신을 괴롭힌 학생을 의미합니다. 아이들의 표정도 다 다른데, 화가 난 표정을 짓고 있는 아이들이 자신을 괴롭힌 아이들이었습니다. 이 그림을 통해 어떤 아이에게 괴롭힘을 당하고 있는지 알게 된 사례였지요.

마음의 고통은 말하지 않더라도 어떤 방식으로든 표현이 되게 되어 있습니다. 딸아이가 잔뜩 화가 나서 그어 버린 낙서처럼 말이지요. 만약, 그날 책상 위 낙서를 보지 못했다면, 보고도 그냥 지나쳤다면 어땠을까요?

아이는 부모에게 늘 말하고 있습니다. 작은 투정이나 몸짓, 아무렇게나 던져 버린 낙서, 모든 것이 아이 마음의 단서가 됩니다. 어쩌면 부모란 그런 단서를 쫓아 아이의 마음에 가닿아야 하는 유능한 탐정이 되어야 할지도 모르겠습니다. 하지만 이럴 때 조금 쉽게 단서를 함께 만들어 갈 수 있을 거예요. 예술, 그림이라는 아름다운 도구를 통해서 말이지요.

우리 아이 그림,
어떻게 읽어야 할까?

아이와 미술관이나 전시회에 가 보신 적이 있나요? 아니면 함께 그림책을 본 적은? 그림을 볼 때 아이와 엄마의 가장 큰 차이가 뭘까요? 이미 어른이 된 엄마의 뇌는 굳어져 상식과 지식으로 움직이는 것이 편합니다. 하지만 아이는 다릅니다. 아이의 뇌는 빠르게 마음과 머리를 오가며 자유자재로 움직입니다. 가령, 종이에 한자로 '불 화火'를 써 놓고 '이게 뭘까?' 하고 물어보면, 한자를 아는 어른들은 대부분 한자 불 화 자라고 답합니다. 하지만 아이들은 다릅니다. 어떤 아이는 사람이라고 하고 어떤 아이는 괴물이라고 하고 어떤 아이는 꽃이라고 합니다. 그렇기 때문에 그림만 보고 분석을 하는 것은 사실 위험합니다. 아이와 충분히 대화를 하고 그 과정까지도 함께하는 것이 중요하지요.

집, 나무, 사람을 그려 보게 하는 HTP 검사나 KHTP 검사처럼 치료를 위한 기법으로써 그림을 분석하는 기법이 있습니다. 하지만 우리 책에서는 이런 기법을 소개하기보다 보편적으로 그림에 드러나는 감정이나 기분을 소개하려고 합니다. '우리 아이의 마음을 분석해 봐야지!'가 아니라 아이의 감정을 알아주고 기분을 풀어 준다는 생각으로 아이의 그림을 보는 것이 중요하기 때문입니다. 아이들은 마치 양파 같아요. 그림이 매번 다릅니다. 아이의 진심을 알기 위해서는 오랜 시간이 필요합니다. 그러니 넉넉한 마음으로 아이의 그림을 봐 주세요.

아이들이 자유롭게 그린 그림들 속에서 반복해서 등장하는 특징에서 우리는 아이의 감정에 대한 단서를 얻을 수 있습니다. 특정 색이나 구도, 형태, 터치, 그림 재료 등이 반복된다면 그것을 눈여겨볼 필요가

그림 1

있지요. 물론, 이 모든 것을 종합적으로 살펴보는 것이 중요합니다.

그림 1에서는 어떤 특징을 발견할 수 있나요? 그림 중 가장 눈에 띄는 것이 무엇인가요?

네, 아마도 많은 분이 '태양'을 지적하리라 생각합니다. 태양은 보통 아빠를 상징한다고 알려져 있지만, 사실 그것이 아니라 가족 내에서 가장 힘센 존재의 상징으로 볼 수 있습니다. 그러니 아빠가 아닌 엄마가 될 수도 있는 것이지요.

이 그림은 태양이 까만색이라는 것과 그림이 전반적으로 무채색이라는 특징이 있습니다. 이 그림은 아이가 아버지를 생각하며 그린 그림인데요, 그림을 그리고 난 뒤 아이와 대화를 나누었을 때 벌처럼 보이는 것이 비행기라고 하더라고요. 아빠가 해외 출장을 많이 다녀서 아빠를 떠올리면 비행기가 떠올랐던 것이지요. 이 아이는 아빠에 대한 기억이나 감정이 메말라 있는 상태였습니다.

여섯 살 아이인데, 아빠를 그려 보라고 했더니 그림 2와 같은 그림을 그렸어요. 자세한 설명을 덧붙이지 않아도 아이의 감정이 너무나도 잘 드러나는데요, 아이가 그림 도구로 사인펜을 선택한 것과 가운데 구멍이 뚫릴 정도로

그림 2

꽉 눌러서 표현한 모습을 통해 아빠에 대한 감정이 아주 좋지 않다는 것을 대번에 알 수 있습니다. 나중에 알게 된 사실이지만, 이 아이의 아빠는 알코올 중독자였고 아이는 그런 아빠에 대해 두려움과 공포를 느끼고 있었습니다.

그림 3은 어떤가요? 꽃병에 꽃이 꽂혀 있는 모습을 그린 그림입니다. 꽃병을 기준으로 좌우 색이 다르고 사용한 것 또한 아주 밝은 색들이지요? 외향적이고 창의적인, 어디로 튈지 모르는 아이의 성향을 그림을 통해 파악할 수 있습니다. 실제로 이 아이는 모험심이 강하고 호기심이 많은 편이었고, 외향적인 성향을 가지고 있었지요.

그림 3

그림 4는 여섯 살 아이가 그렸다고는 믿어지지 않을 만큼 완성도가 높은데요, 물에 비친 모습을 묘사한 것으로 대칭을 잘 표현했고 색깔도 다양하게 사용하고 있지요. 비친 그림자를 똑같은 색이 아닌 다른 색으로 표현하는 것을 볼 때 아이의 뛰어난 창의력을 엿볼 수 있습니다. 실제로 이 아이는 자신의 감정에 충실하고 자신을 잘 표현하는 아이였습니다.

그림 4

　이처럼 자유화를 해독할 때 '색'에 드러나는 특징을 살필 필요가 있습니다. 그림에 다양한 색을 사용하는 것은 큰 문제가 없지만, 특정 색만을 반복해서 사용하거나 무채색으로 계속 그림을 그릴 경우, 조금 더 세심하게 아이의 그림을 살펴보아야 합니다. 무채색은 감정의 무의미를 나타내거든요. 감정이 메말라 있다는 뜻이지요. 색이나 배색에 대한 부분은 뒤에서 좀 더 자세히 다뤄 보도록 하겠습니다.

　그다음으로 그림을 볼 때 중요한 것 중 하나가 '구도'입니다. 다음 페이지의 그림 5를 한번 볼까요?
　자기 자신을 그린 그림인데요, 그림이 종이의 정가운데에 있고 크기도 크지요. 표정도 환하게 웃고 있습니다. 자신의 옷 정중앙에는 하트

까지 그려 놓았고요. 자신감 있는 아이의 모습이 자연스레 떠오릅니다. 그러면 그림 6은 어떤가요?

　이 그림 역시 자기 자신을 그린 그림인데요, 그림이 한쪽으로 치우쳐 있고 크기도 작지요. 이러한 구도적인 특징을 봤을 때, 이 아이는

그림 5

그림 6

소심하고 자신감이 부족한 상태임을 알 수 있습니다. 아이의 그림이 반복적으로 한쪽으로 치우쳐 균형이 깨질 때 역시 아이의 감정을 세심히 살피며 대화해 볼 필요가 있겠지요.

그림 7은 가족을 그린 그림인데요, 한눈에도 어색하게 한 곳이 비워져 있는 것을 알 수 있지요? 이혼 가정의 자녀에게서 자주 드러나는 특징으로, 어색하게 비워진 공간을 통해 가족 구성원의 빈자리를 가늠할 수 있게 합니다. 이 그림의 경우는 아빠와 언니, 그리고 본인을 그리고 엄마의 자리를 비워 둔 것이었습니다.

그림 7

그다음으로 그림을 볼 때 '형태'를 살펴보아야 합니다. 그림 8은 일곱 살 아이가 그린 그림인데요, 치과를 그린 그림입니다. 가장 왼쪽 의자에 앉아 있는 것이 본인이고 그 위로 큰 주삿바늘이 내려오고 있지

그림 8

요. 그런데 잘 살펴보면 아이의 손과 발, 의자의 색이 유독 진한 것을 볼 수 있습니다. 긴장감으로 힘을 꽉 주고 있는 것을 표현한 것이지요. 물론 그림 전체를 보라색으로만 그렸다는 것도 주목할 부분이긴 합니다. 보라색은 보통 감정 조절이 힘든 색이거든요. 아이의 불안함과 긴장감을 그림에서 느낄 수 있지요.

그림 9를 보면 어떤가요? 자동차를 그린 것인데, 이 아이는 어렸을 때 사고를 목격한 경험 때문인지 자동차를 싫어한다고 하더라고요. 이 그림에서 자동차는 그 형태가 많이 생략되어 있음을 볼 수 있고, 가운데 진하게 강조 표현한 그림을 통해 아이의 부정적인 감정을 느낄 수 있습니다. 이렇게 가운데 뭔가 뭉쳐진 것처럼 표현한 그림은 그림처럼 어떤 감정이 응어리져 있음을 보여 줍니다. 다음 그림을 한번 볼까요?

그림 10은 어떤 아이가 엄마를 그린 그림입니다. 어떤 부분이 눈에

띄나요? 엄마의 입을 검은색으로 아주 힘을 주어 마구 칠해 놓았지요. 이 아이는 엄마의 잔소리 때문에 스트레스를 많이 받는 상태였습니다.

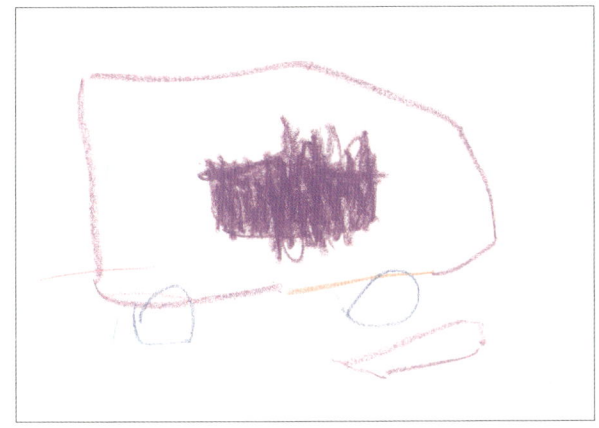

그림 9

그림 10

이처럼 필압筆壓, 그러니까 그림을 그릴 때의 압력을 주목해 보면 감정이 응어리진 부분을 파악할 수 있습니다. 아이의 그림을 볼 때 어떤 부분이 진하게 표현되었는지, 윤곽선이 뚜렷한지 흐릿한지에 따라 아이의 감정이나 상태를 파악할 수 있지요.

마지막으로 그림의 '터치'를 통해 아이의 감정이나 상태를 파악할 수도 있습니다. 터치의 거칠기와 부드럽기는 아이의 건강 상태와 연관되어 있을 확률이 높은데, 예를 들어 아토피에 걸린 아이들은 수채화 표현을 피하고 사포같이 거친 면에 그림 그리는 것을 좋아하는 경향이 있습니다. 그만큼 촉각에 예민한 것이지요. 터치가 거칠면 예민한 성격일 가능성이 있고, 그런 아이들은 주로 사인펜을 사용하고 싶어 합니다. 강한 부분을 드러내고 싶기 때문이지요.

터치의 강약은 주로 에너지의 강약을 드러냅니다. 쓱쓱 가벼운 터치로 색을 칠하는 것과 꼼꼼하게 색을 칠하는 것을 통해 아이의 기분을 알 수 있습니다. 터치를 볼 때 역시 전체적인 균형을 보는 것이 중요합니다. 한 그림에서 어떤 부분에 터치의 균형이 무너지는지를 보는 것이지요. 전체적으로 부드러운 터치로 그림을 그리다가 특정 부분만 강하게 터치한다든지 하는 식으로 말이에요. 어떤 사람이나 사물에 두려움을 느끼는 경우 대충 그리게 되고, 감정의 동요가 강한 경우 그만큼 강하게 표현하기 때문입니다.

사실 터치는 그림 도구로 무엇을 선택하느냐와도 연관이 있기 때문에 아이가 특정 그림 도구를 고집하는 경우에도 아이의 마음이나 상황을 한번 살필 필요가 있습니다.

그림 11을 보세요. 참 독특한 그림이지요? 식물 뒤로 보라색 비가 내리고 있는 모습입니다. 그런데 신기하게도 식물의 잎에는 비 한 방울도 지나지 않아요. 이 그림은 병원에 오랫동안 입원해 있던 아이의 그림입니다. 아이와 이야기를 나눌 때 아이가 그러더라고요.

"비를 맞으면 식물들이 다 죽어요."

식물들은 다 살아 있고 뿌리와 비만 보라색으로 표현하고 있지요? 바로 이것이 부정적인 감정이나 상황을 나타냅니다. 아픈 것은 땅속으로 다 들어가고 식물은 비에 의한 터치 없이 건강하기를 바라는 아이

그림 11

의 마음이 담겨 있는 것이지요.

그림 12는 어떤 아이가 그린 가족화입니다. 가족이 목욕을 하고 즐겁게 노는 모습을 그린 것인데요, 이 그림에서 이상한 점이 보이시나요? 가족 모두가 환하게 웃는 표정인데, 그림의 윤곽선은 물감에 덮여 가려진 느낌이 들지요. 나중에 안 사실이지만, 아이의 가족은 이혼 가정이었습니다. 이 그림은 사실 아이의 보여 주기식이었던 것이고 아이는 심적으로 많이 우울한 상태였습니다. 이런 것을 스마일 마스크 증후군이라고 하는데, 그림 속 가족은 웃고 있지만 실상은 가족의 불행을 감추고 싶은 아이의 마음이 있는 것이지요. 이처럼 그림 위에 계속 덧칠을 하는 등 가짜 터치가 반복될 때는 아이가 자신의 진짜 감정이

그림 12

나 상황을 숨기고 싶어 하는 경우가 많습니다.

   지금까지 자유화를 해독할 때의 기본적인 포인트를 짚어 보았는데요, 이것은 포인트일뿐 한 가지에 치우쳐 그림을 해독하는 것은 피해야 합니다. 우리가 그림을 읽는 목적은 무엇보다 아이들의 마음을 긍정적으로 받아들이고 아이들의 잠재적인 가능성을 찾는 것이지요. 때문에 그림의 문제에 집중하기보다는 아이의 가능성을 찾고 그것을 긍정적으로 발전시킬 수 있는 통찰력이 필요합니다. 그림을 읽는 것보다 중요한 것은 바로 그림을 통한 마음의 교류이기 때문입니다.

믿음,
대화의 열쇠

과거 방송에서 이런 실험을 한 적이 있습니다. 아이들이 풀기 어려운 과제를 내 주고 선생님은 부모에게 꼭 아이가 해결할 수 있게 해 달라고 당부하고 자리를 떠납니다. 그리고 지켜봤더니, 외국 부모의 경우 아이가 문제 해결에 어려움을 겪어도 도와주지 않았고, 우리나라 부모들은 넌지시 해결 방법을 알려 주는 겁니다. 외국 부모는 아이가 짜증을 내며 도움을 요청해도 오히려 과정이 중요하지 결과는 중요하지 않다고 이야기하며 스스로 해결하도록 합니다. 왜 이런 차이가 나타나는 걸까요?

우리 사회는 지나치게 남을 의식합니다. 공공장소에서 아이가 소란을 피우면 공공장소에서 왜 소란을 피우면 안 되는지 차분히 설명하기보다 '저기 사람들이 본다!', '저 친구가 운다고 놀리겠다. 얼른 뚝!',

'저기 아저씨가 이놈! 한다.'라고 주위 시선과 반응을 무기로 협박할 때가 많습니다. 이런 사회적 분위기는 지나친 경쟁의 과열과 결과 중심적 사고를 부추깁니다. 생각해 보세요. 우리가 어린 시절 칭찬을 받았던 순간은 언제였나요? 아마 어떤 결과에 의한 칭찬이 많았을 겁니다. 어떤 일을 해 나가는 데 있어 그 과정에서 지지와 칭찬을 받은 아이는 다릅니다. 새로운 일에 도전하는 것을 두려워하지 않고, 실패했을 때 그 타격 또한 크지 않지요. 우리가 해야 하는 소통은 '결과의 소통'이 아닌 '과정의 소통'입니다.

아래 그림은 빈센트 반 고흐의 〈첫걸음〉이라는 작품입니다. 그림 속에는 한 가족이 있습니다. 아빠는 잠시 일손을 멈추고 아이를 반기고

있습니다. 아이는 조심스레 걸음마를 하며 엄마의 품을 떠나 첫걸음을 떼려고 하고 있지요.

우리 아이가 첫걸음을 떼던 날, 그 감동을 기억하시나요? 아이가 홀로 첫걸음을 떼기 위해서는 부모가 아이를 잡고 있던 손을 놓아야 합니다. 부모가 아이를 믿어 줄 때 아이는 비로소 부모의 품을 떠나 건강한 홀로서기를 할 수 있습니다. 아이가 건강하게 서면 부모 또한 건강하게 섭니다. 그 안에서 자연스레 서로를 향한 신뢰가 형성되는데, 그것을 '라포'라고 합니다.

상담을 할 때도 마찬가지입니다. 내담자와 라포 형성이 되지 않으면 제대로 된 상담이나 치료를 진행하기가 어렵습니다. 그만큼 소통에 있어서 신뢰도가 매우 중요합니다. 선생님이 내 마음을 과연 알 수 있을까? 의심될 때 아이는 거짓말을 하고 자신의 문제를 숨기려 합니다.

예전에 찰흙으로 엄마를 만드는 활동을 할 때, 자신이 만든 작품을 비닐봉지에 넣고 땅속에 묻어 버리는 아이가 있었습니다. 엄마에 대한 내 감정을 엄마가 알아 버리면 어떡하나, 하는 두려움이 있었던 것이지요. 사실 이 아이는 겉보기엔 모범생에 가까웠고, 엄마 역시 어떤 문제도 못 느끼고 있었습니다. 하지만 엄마와 아이 사이에는 라포 형성이 전혀 되어 있지 않았지요. 이런 경우, 땅속에 묻은 아이의 작품을 꺼내 주지 않으면 나중에 아주 큰 문제로 돌아올 확률이 높습니다. 내 아이가 만든 내 모습이 내가 원하는 모습이 아닐지라도 아이의 마음에 귀를 기울이고 대화를 시작해야 합니다. 결국 이 아이와 엄마는 함께 그림을 그리며 서로를 알아 가고 소통하기 시작했습니다.

특히 남자아이들의 경우 자신의 속마음을 잘 숨기기 쉬운데, 내향적인 아이일수록 더 그런 경향이 있습니다. 그럴 때는 말보다 아이와 그림이나 만들기 같은 활동을 함께하며 무의식중에 나오는 행동이나 반복되는 그림의 패턴을 찾는 것이 도움이 됩니다. 예전에 감정 조절에 어려움을 겪는 아이가 연구소에 찾아온 적이 있습니다. 기분이 좋다가도 갑자기 물건을 던지며 돌변하곤 해서 찾아온 네 살 아이였지요. 아이가 엄마를 좋아하고 잘 따르는 등 엄마와의 관계에서 특별히 문제를 찾지 못했는데 활동을 하면서 조금 이상한 점을 발견했습니다. 아이가 엄마를 그릴 때마다 티셔츠는 파란색, 치마는 빨간색 또는 엄마의 얼굴은 빨간색, 몸은 파란색과 같이 늘 빨강과 파랑을 함께 쓰는 겁니다.

아이의 그림을 보여 주면서 엄마와 이야기를 나눠 보았습니다. 늦둥이였던 아이가 너무 사랑스러웠던 나머지 엄마가 화가 나서 훈육을 한 다음 조금의 틈도 없이 바로 아이를 안아 주고 귀여워했던 것이 문제였지요. 아이는 화를 내던 엄마가 바로 자신을 안아 주고 웃는 모습에서 혼란스러웠을 것이고, 그로 인해 감정 조절에 어려움을 겪게 된 것이었죠.

자식은 성인이 되어도 부모에겐 여전히 어린 존재로만 느껴지는 것 같습니다. 어리게만 보였던 딸이 어느새 성인이 되어 운전면허를 땄습니다. 그런데 운전면허를 딴 지 얼마 되지 않아 제주도 여행을 간다는 겁니다. 정말 너무 걱정이 되더군요. 걱정은 됐지만, 결론적으로는 차를 내주었습니다. 2주 동안 운전 연수를 시켜 주고 보험을 들어 주고 용기를 주고 만약의 사고에 대비해 정보를 주었지요. 부모로서 할 수 있는 것에 최선을 다 할 뿐이었습니다. '내 품의 자식'이라는 말이 있지요? 인간은 결국 홀로 서는 존재입니다. 자녀가 내 품에 머물 때는 홀로 서기 위한 준비를 하는 기간인 셈입니다. 손을 놓아야 할 때는 확실히 놓아 보내 주고 응원하고 지지하는 것이 우리 부모의 역할인 것입니다. '과정의 소통'을 하기 위해서는 가장 먼저 필요한 것이 '믿음'입니다. 지금은 한없이 철없고 힘없는 존재처럼 보이는 아이도 결국 멋진 어른으로 성장할 것이라는 믿음, 이 아이의 내면에 성장의 씨앗이 있다는 믿음. 믿어 주는 것이 소통의 가장 첫 단계입니다.

꼭 기억해 주세요. 전문가인 저도 아이의 그림을 한 장만 보고 아이의 심리 상태를 진단하지 않습니다. 그림보다는 그림을 놓고 아이와 대화하면서 아이의 마음을 알아 갈 때가 더 많지요. 우리 아이에게 무슨 문제가 있을까, 하는 생각보다는 혹시 내가 필요할 때가 있을지도 모르겠다는 생각으로 즐겁게 활동해 보세요. 그림을 놓고 함께 대화할 때, 아이의 말을 믿어 주고 지지해 주세요. 중요한 것은 그림을 통해 서로 대화를 나누고 아이의 마음을 이해하고 들여다보려고 애쓰는 것이지, 아이를 평가하는 것이 아니니까요.

 **그림 완성하기**

"그런데요, 저희 아이는 그림 그리는 걸 별로 안 좋아해요."

그림을 즐겨 그리는 아이가 있는 반면, 자유롭게 그림을 그려 보라고 하면 곤란해하거나 아무 흥미를 보이지 않는 아이도 있습니다. 이럴 때는 아이의 미술 표현을 자극하기 위해서 출발 그림 용지(starter sheet)를 사용하는데요, 엄마가 먼저 특정한 모양을 그리고 그다음부터 돌아가면서 이어 그리기를 하는 것이지요.

방법 1

① 흰 종이와 다양한 색깔의 색연필(또는 사인펜, 크레파스 등)을 준비해 주세요.
② 동그라미, 직선, 세모 등 엄마가 먼저 특정 도형을 그립니다.

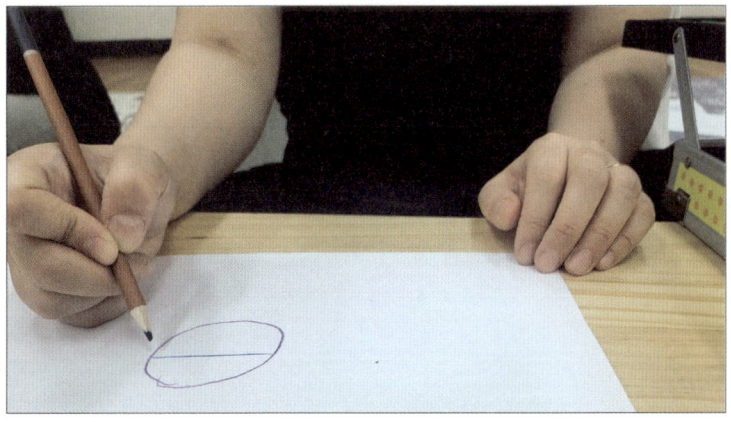

③ 아이가 그 그림에 이어서 그림을 그립니다. 여기서 뭔가를 요구하거나 책망하지 마세요. 아이가 단순히 점을 몇 개 찍거나 선을 찍 그어도 됩니다.

❹ 아이가 그림을 그린 다음 엄마도 그 위에 이어서 그림을 그립니다. 이런 식으로 아이와 계속 릴레이 그림을 그려 보세요.

"엄마는 이걸 보니까 이게 생각나서 이렇게 그려 봤어."

"이건 뭘 그린 거야? 진짜 잘 그렸다(재미있다/독특하다/창의적이다)."

자연스럽게 아이의 마음을 알아볼 수 있도록 대화를 나눠 보세요.

방법 2

그림 그리기보다 만들기에 더 흥미가 있는 아이들은 이렇게 해 보세요.

① 흰 종이와 잡지, 스티커(또는 색종이와 풀), 가위, 색연필을 준비해 주세요. 잡지가 없으면 다이어리나 신문 등도 괜찮습니다.

② 엄마가 먼저 잡지나 다이어리, 신문에서 아무 그림이나 사물을 오려 흰 종이에 붙여 보세요. 사람도 괜찮고, 신발이나 꽃 같은 사물, 눈이나 손 등 신체 부위도 괜찮아요.

③ 그다음 아이도 마음에 드는 사물을 오려 붙입니다. 스티커를 붙이거나 엄마가 붙여 준 그림 조각에 그림을 그리기 원한다면 그렇게 하도록 해 주면 됩니다.

❹ 그림을 덧붙여 그리거나 사물을 오려 붙이는 식으로 번갈아 가며 그림을 덧붙여서 완성해 보세요.

❺ 이 방법 역시 자연스럽게 아이와 대화를 나누는 것이 중요합니다. 왜 이런 사물을 골랐는지, 이렇게 붙이거나 그리고 나니 어떤 느낌이 드는지 등 아이가 자유롭게 표현할 수 있게 편안한 대화를 나눠 보세요.

우리 아이 마음 일기

♥ 오늘 새롭게 발견한 **아이의 모습**

♥ 오늘 새롭게 발견한 **아이의 마음**

♥ 지금 우리 **아이의 마음 상태**는? 어떤 부분을 신경 써 줘야 할까?

♥ 오늘 새롭게 발견한 **나의 모습**

♥ 오늘 새롭게 발견한 **나의 마음**

CHAPTER 2

우리 아이
마음 읽기

오늘을 채우는 색을 골라 볼까?

하루는 딸이 하트 절반을 빨강으로 반을 검정으로 색칠한 그림을 보게 되었습니다. 심상치 않아 아이에게 그림에 대해 물어보았지요. 그때 아이가 할머니 댁에 놀러 갈 때였는데, 아이 말이 할머니네 집에 가게 되어서 좋지만, 엄마와 잠시 떨어져야 해서 싫다는 겁니다.

'색color'이라는 것이 참 신기합니다. 특정 인물이나 물건과 연결되기도 하고, 감정이 가장 잘 드러나는 부분이기도 하지요.

예전에 한 초등학교 선생님에게서 편지를 받은 적이 있습니다. 내용인즉, 요즘 이상하게 노란색 물건을 갖고 싶다는 겁니다. 어느 날, 한 아이가 노란색 우산을 쓰고 가는데 보면서 참 예쁘다는 생각이 들었다고 해요. 너무 우울한 날이었는데, 그날 바로 동대문 시장으로 무작정 갔고, 예쁜 옷과 화려한 장신구들 사이에서 딱 두 가지를 골라서 검은 봉투에 담아 덜렁덜렁 들고 왔다고 합니다. 하나는 이소룡 추리닝이었고, 또 하나는 노란 앞치마였습니다. 노란 이소룡 추리닝을 벽에 걸어 놨는데 너무 흐뭇했대요. 그리고 집안일을 전혀 안 하던 사람이었는데 노란 앞치마를 입고 밥을 한 상 가득 차렸다고 합니다. 그날 아들 둘과 남편이 신이 나서 환호하며 즐거운 저녁 시간을 보냈다고 해요. 그런데 그 상황이 두 달째 지속되고 있다는 겁니다. 학교에 출근해서는 아무 의욕이 없는데, 집에 와서 노란 앞치마를 매고 추리닝을 보면 의욕이 샘솟는 거예요. 그래서 이대로 살아도 될지 고민이 되어 편지를 보내온 것이었습니다.

이 케이스는 결국 '애정'과 관련되어 있는 문제였어요. 그 우울한 날은 사실 교직원 승진 시험에 탈락한 날이었고, 젊은 후배가 승진하게 된 날이었습니다. 그날 본 노란 우산이 이 사람의 감정을 탁 건드려 버린 것이지요. 저는 이렇게 회신했습니다. 학교 갈 때도 노란색 옷을 입거나 물건을 가져가라고 말이지요. 그리고 다시 도전해 보라고.

마음의 애정이나 인정의 욕구가 충족되지 않을 때 사람들이 노란색을 찾는 경우가 많습니다. 아이의 경우, 동생이 태어나거나 부모에 대한 애정이 부족하다고 느낄 때 그런 경우가 많고, 성인의 경우는 리더가 되거나 무언가를 뽐내고 싶을 때, 무대에 서고 싶을 때 그런 경우가 많습니다.

그림 1을 한번 보세요. 해바라기를 그린 그림인데, 바탕도 나무줄기도 모두 노란색입니다. 날 좀 봐 달라는 강력한 메시지가 느껴지는 그림이지요. 아이의 이런 마음을 모르고 그냥 지나친다면, 애정이 충족되지 않은 나머지 물건을 훔치거나 친구를 때리는 일탈 행위로 이어지기 쉽습니다.

그림 2는 어떻게 보이나요? 노란 토끼 옆으로 아이가 쓴 글을 한번

그림 1

그림 2

볼까요? 엄마에게 사랑한다는 말을 무려 세 번이나 쓰고 있습니다. 엄마로부터 관심과 애정을 갈구하고 있음을 알 수 있지요.

그림 3은 자화상인데요, 가운데 있는 사람이 본인이고, 왼쪽이 아빠, 오른쪽이 엄마입니다. 근데 보면 자기 자신을 가장 크게 그렸지요. 그리고 엄마와 자신의 옷 색깔을 노란색으로 같게 그렸어요. 이것 역시 인정받고 싶은 욕구, 엄마의 애정과 관심을 원하고 있음을 의미합니다. 물론 이 그림들을 진단할 때 단 한 장만 보고 절대 진단하지 않습니다. 이런 패턴들이 아이의 그림에 지속적으로 나타났기 때문에 이렇게 판단한 것이지요.

이처럼 색은 아이의 감정을 표현하는 수단이 되기도 하고 감정을 건드려서 채워 주는 역할을 하기도 합니다. 아이가 노란색 옷이나 소품을 고집할 때는 마음껏 하게 해 주는 것이 좋습니다. 어느 정도 아이

그림 3

의 욕구가 충족이 될 때까지 말이지요.

우리나라에서도 베스트셀러였던 《우리 아이는 왜 태양을 까맣게 그렸을까?》라는 일본 책이 있습니다. 컬러 테라피에 대한 연구는 일본에서 조금 앞서 이루어졌는데요, 아직까지도 이 책에 기초한 정보들이 활용되고 있는데, 사실 일본과 우리나라는 문화적 차이가 있기 때문에 똑같이 활용할 수는 없습니다. 그래서 우리나라 아이들에게 맞는 다양한 색채심리 연구들이 이루어지고 있지요. 당연히 이것이 아이를 단정 짓는 수단이 되어서는 안 되겠지만, 아이의 감정 상태를 알아보는 데 있어 색채를 활용하는 것은 상당 부분 도움이 될 수 있습니다. 자, 그럼 몇 가지 사례를 통해 간단히 색과 감정의 연결 고리를 살펴볼까요?

'슬픔', '우울' 하면 어떤 색이 생각나시나요? 아마 대부분 검정이나 회색 같은 무채색을 선택할 겁니다. 반대로 '기쁨', '행복' 하면 무채색보다는 밝고 쨍한 원색을 떠올리게 되지요. 이처럼 아이의 그림에 자주 등장하는 특징적인 색채를 보면 당시 아이의 정서를 파악할 수 있습니다. 특히 충동성이 강한 아이가 색채에 강한 흥미를 보이고, 남자아이에 비해 여자아이가 색채에 흥미를 보일 확률이 높습니다. 반면 색채보다는 선이나 모양에 더 많은 관심을 보이는 아이는 자기를 방어하려는 경향이 강하고, 감정적이기보다 이성적인 행동을 하는 경향을 보이지요.

빨강, 노랑, 오렌지 등 따뜻한 색을 즐겨 사용하는 아이들은 자유롭게 감정을 표현하고, 따뜻한 애정 관계를 맺고 있을 확률이 높습니다. 이런 아이들의 경우, 타인의 애정을 기대하고 동정심이 많고, 협동적이고 적응력이 좋습니다.

파랑, 청록, 검정, 초록 등 차가운 색을 즐겨 사용하는 아이들은 행동하는 데 있어 계획적이고, 지적인 활동에 흥미를 가질 확률이 높습니다. 하지만 타인에게 공격적, 방어적이고, 독립적인 성향을 보이기도 하지요.

그럼, 아이가 자주 사용하는 색깔과 그에 따른 성격, 감정적 특징을 한번 알아볼까요? 여기서 다시 한번 당부드리지만, 대표적인 이론일 뿐 섣불리 판단하기보다 아이를 좀 더 알아 가는 정보라고 생각해 주시면 좋겠습니다.

빨강을 많이 사용하는 어린이

빨강을 좋아하는 아이들은 비교적 자신의 감정이나 생각을 자유롭게 표현하고 행동하며, 사회 규범이나 규칙에 크게 신경 쓰거나 얽매이지 않을 확률이 높습니다. 대체로 따뜻한 색을 좋아하는 아이들이 이런 특성을 보입니다. 이런 아이들은 어른이나 친구들과 사이가 좋습니다. 다른 사람과 협동을 잘하고 적응력도 뛰어납니다. 빨강을 많이 사용하는 아이들 중에는 식구가 많은 대가족 속에서 자란 아이들이 많고, 앞뒤 생각 없이 행동이 앞서거나, 부모의 말을 잘 듣지 않거나, 매우 활발하지만 자기 주장이 강해서 친구를 오래 사귀지 못하는 경향이 있다는 연구 결과도 있습니다.

노랑을 많이 사용하는 어린이

앞서 사례를 통해 말했듯, 노랑은 애정과 관심에 대한 갈망을 보여줍니다. 노랑을 자주 사용하는 아이들은 신경이 예민하고 권위주의적인 면이 있고, 대체로 지능 지수가 높고 결단력과 의지력이 강한 특징을 보입니다.

노랑은 단독적으로 사용하기보다 검정이나 고동색을 함께 사용할 때 그 의미가 달라지는데, 아이의 그림에서 노랑과 검정의 대비가 계속 보이는 경우 아버지의 사망을 경험한 아이들이 많았습니다. 또 검정과 황토, 검정과 고동을 많이 사용하는 경우에는 아버지의 애정을 갈망하고 있음을 알 수 있습니다.

초록을 많이 사용하는 어린이

초록은 아이가 피곤하거나 허약할 때, 졸음이 올 때, 혹은 병을 앓고 난 후에 사용하는 경우가 많은데요, 초록을 다른 색채와 대비를 이루어 사용하게 되면 전혀 다른 의미로 변합니다. 초록을 좋아하는 아이들은 상상력이 풍부하고 자기 주장이 강하고 친구들과 사이가 좋고 판단력이 좋습니다. 한 가지 특이한 것은 초록을 좋아하는 아이들 대부분이 집안 분위기가 엄격한 편이었다는 연구 결과가 있습니다.

보라를 많이 사용하는 어린이

아이의 그림에서 지속적으로 보라가 특징적으로 사용되는 경우, 보통 아이가 아프거나 가족 중 누군가가 아픈 경우가 많습니다. 또 보라는 관계의 어려움을 의미하기도 해서 배경이나 지면을 보라로 자주 색칠하는 아이의 경우, 고집이 세고 자기 중심적이고 친구들과 사이가 좋지 않을 확률이 높습니다. 반면 지능이 높고 응용력이 강할 뿐 아니라 치밀한 성격으로 어떤 일이든 잘한다는 연구 보고도 있습니다.

검정을 많이 사용하는 어린이

부모님께 꾸지람을 듣거나 기분이 안 좋은 일을 겪었을 때 대부분 그림에 검정을 사용한다고 합니다. 그런데 지속적으로 아이의 그림에 검정이 특징적으로 나타나는 경우, 어두운 집안 분위기가 지속된 경우가 많았습니다.

그래선지 검정은 엄격한 교사나 부모, 힘이 센 다른 어린이와 같은 사람에 대한 공포, 자기의 가정 상황이나 신체적 결함에 대한 공포를 나타냅니다. 한편으로는 검정을 많이 사용하는 아이들이 짓궂고 실천력이 강하고 지능 지수가 높다는 보고도 있습니다.

진고동(밤색)을 많이 사용하는 어린이

어려운 가정에서 자랐거나 물질적인 욕구가 채워지지 않은 경우 진고동과 검정을 함께 사용한다고 합니다. 또한 부모의 부재로 극도의 애정 부족을 느끼는 아이들이 고동색을 많이 사용하기도 하는데요, 고동색을 좋아하는 아이들은 의지력이 약하고 의존적이고 불만이 많지만 자기 주장은 강하지 않은 성향을 갖고 있다는 연구 결과도 있습니다.

황토색을 많이 사용하는 어린이

황토색은 배변 활동과 연관이 있는 경우가 많은데, 변비로 고생하거나 밤에 오줌을 싸는 등 배변 활동에 곤란을 겪는 아이들이 많이 사용하는 색이라고 합니다. 동생이 생겼을 때 황토색을 많이 쓴다는 학자들도 있는데, 이것은 동생의 탄생 후 보이는 퇴행 행동 중 야뇨도 있음을 생각해 보면 어느 정도 연관이 있음을 알 수 있습니다.

무지개색을 많이 사용하는 어린이

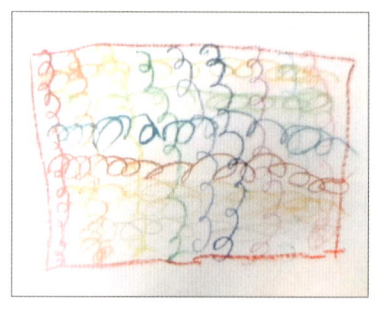

그림 4

그림 5

그림을 그릴 때 항상 무지개를 그린다거나 꼭 무지개의 일곱 색을 사용하는 아이들도 있습니다. 이런 경우 대부분은 그림 4처럼 자신의 기쁘고 즐거운 감정을 자유롭게 표현하는 것으로 볼 수 있습니다. 그림 5의 경우는 조금 다른데요, 그림 5는 여덟 살 아이가 탈장으로 병원에 입원했다가 퇴원한 후 그린 그림입니다. 제가 촛농을 떨어뜨려 주고 생각나는 것을 그려 보라고 했는데, 아이는 자신이 새가 되어서 무지개 다리를 건너고 있다고 말해 주었어요. 비가 온 후에 뜨는 것이 무지개이지요. 이렇듯 무지개색은 아픔이나 시련을 겪고 난 후 느끼는 기쁨을 나타내기도 합니다.

이처럼 색채는 아이들의 감정과 밀접한 관계를 가지고 있는데, 단독으로 사용하는 색채뿐 아니라 아이가 몇 가지의 색을 사용하느냐, 색을 사용할 때 분명하게 사용하느냐 등에 따라서도 의미가 달라질 수 있습니다. 불필요한 색을 많이 사용하는 경우는 어려운 환경에서 자란 아이의 욕구를 표시하는 경우가 많고, 남에게 터놓고 이야기하기보다는 감추고 숨기려고 하는 욕구가 강한 성향일 확률이 높지요.

칠한 면이나 방식으로도 아이의 감정을 파악할 수 있는데요, 그림의 윤곽선만을 강조해서 칠하거나 검은색의 윤곽선이 두드러지는 경우 부모가 엄격하게 통제하고 교육하는 경우가 많았고, 몇 겹씩 필요 이상으로 색을 덧칠하는 경우는 열등감이 강한 경우가 많았습니다. 먼저 칠한 색이 진짜 감정이고, 덧칠하는 색은 감정을 숨기려는 의도로 해석할 수 있지요.

 ## 오늘을 채우는 색을 골라 보자

하루를 마무리하면서 "오늘 하루 어땠어?" 또는 "오늘 기분은 어때?"라는 말 대신 '오늘의 색'을 골라 칠해 보세요. 오른쪽의 색채 다이어리를 잘라서 냉장고나 방문에 붙여 두고 아이와 매일 한 가지 색을 골라 한 칸씩 칠해 보는 거예요. 그리고 왜 그 색깔을 골랐는지 함께 이야기를 나눠 보세요. 우리 아이만의 색채 사전을 완성할 수 있을 거예요. 우리 아이의 노랑은 행복이구나, 우리 아이의 검정은 지루함이구나, 하고 말이지요. 아이도 대화를 하면서 자신의 감정과 기분을 깨닫게 되고 점점 컨트롤하는 능력이 생길 것입니다.

이렇게 색채 다이어리 활동을 해 보면 아이의 감정 변화나 리듬을 파악할 수도 있어요. 특정 요일에 기분이 안 좋다거나, 어떤 활동을 할 때 누구와 함께 시간을 보낼 때 행복한지 한눈에 볼 수 있지요.

❶ 색채 다이어리 양식을 프린트해서 날짜를 써넣습니다.
❷ 매일 아이와 함께 색을 골라서 위 칸에 색칠합니다.
❸ 왜 그 색을 골랐는지 이야기하며 그날의 기분을 아래 칸에 간단히 써넣습니다.

	SUN	MON	TUE	WED	THU	FRI	SAT
	○	○	○	○	○	○	○
	○	○	○	○	○	○	○
	○	○	○	○	○	○	○
	○	○	○	○	○	○	○
	○	○	○	○	○	○	○
	○	○	○	○	○	○	○

181쪽에 별도의 활동 자료가 있습니다.

오늘을 채우는 색을 골라 볼까?

 **활동 2** 엄마, 아빠를 무슨 색으로 칠해 볼까?

앞서 말씀드린 것처럼 색깔은 감정과 아주 밀접한 관계가 있습니다. 아이가 어떤 인물을 떠올릴 때 어떤 색을 고르느냐에 따라 대상에 대한 감정을 엿볼 수 있지요. 우리 아이가 엄마, 아빠를 떠올릴 때 어떤 색을 고를까요? 다음의 엄마, 아빠 컬러링에 아이가 자유롭게 색칠할 수 있도록 해 주세요. 그리고 왜 이런 색을 골랐는지 대화를 나눠 보세요.

☞ 183쪽에 별도의 활동 자료가 있습니다.

우리 아이 마음 일기

♥ 오늘 새롭게 발견한 **아이의 모습**

♥ 오늘 새롭게 발견한 **아이의 마음**

♥ 지금 우리 **아이의 마음 상태**는? 어떤 부분을 신경 써 줘야 할까?

♥ 오늘 새롭게 발견한 **나의 모습**

♥ 오늘 새롭게 발견한 **나의 마음**

세상에
나쁜 색은 없다

과거 어린이 색채 학교에서 강사로 프로그램을 진행하던 시절 담당하게 된 한 아이가 있었습니다. 이 아이는 엄마가 임신 중독으로 건강이 좋지 않았던 탓에 영유아기에 충분한 사랑을 받지 못했고, 곧바로 동생이 태어나 엄마와의 갈등이 시작됐다고 했습니다. 그 갈등이 4살 때 심해져 아이의 자해로까지 이어졌고, 유치원에서의 말썽과 장난으로 유치원도 거부하고 있는 상태였습니다. 색채 학교에 입학할 때 이 아이는 7살이었는데, 어리광이 심하고 미술 활동에 있어서 자르고 부수는 등 강한 터치로 표현하는 경우가 많았습니다. 이 아이의 그림에서 특징적으로 자주 쓰이는 색은 빨강과 노랑이었는데요, 특히 동생이나 엄마와 갈등이 심한 시기에는 빨강과 파랑, 빨강과 검정 등 극명하게 대비되는 배색이 주를 이루었지요.

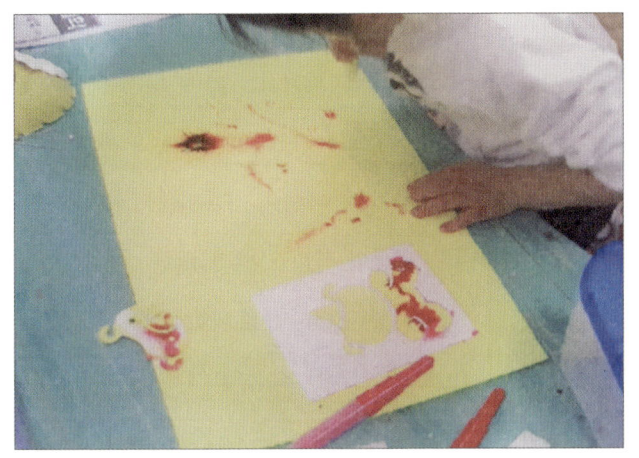

　그런데 자신을 믿는 의지가 되는 선생님이란 존재에 대한 신뢰감이 형성되기 시작하자 자신만의 작업에 열중하기 시작했습니다. 그와 동시에 친구들과의 관계가 개선되기 시작했고, 작품을 완성하는 성취감도 높아졌습니다. 동시에 엄마와 대화의 시간을 가지고 스트레스를 발산하고 집중력을 높여 주는 활동을 지속적으로 하면서 그림에도 많은 변화가 생겼습니다. 빨강과 검정 등 강렬하고 대비되는 색이 주를 이뤘던 과거와 달리 노랑과 파랑, 초록색이 아이의 그림 대부분을 차지하고 있는 것이었죠. 아이의 정서 변화와 함께 색채가 변하는 것을 너무 잘 볼 수 있었던 사례라 아직도 기억에 남습니다. 혹시 우리 아이의 그림에서 자주 등장하는 색의 조합이 있나요?

　'색과 색의 조합'을 색채학에서는 '배색'이라고 하는데요, 색 하나가

'단어'라면 배색은 '숙어'나 '문법'과도 같아서 여러 색을 갖고 하나의 '문장', 즉 작품을 만들어 낼 수 있습니다. 근데 이런 배색이 왜 지금 중요하냐고요? 아이가 계속해서 빨간색만 쓰는 것과 빨간색과 파란색만 쓰는 것은 다르기 때문이지요. 아이의 마음을 더 잘 파악하는 데 도움이 되는 것이 바로 이 '배색의 심리'입니다. 물론, 이 책은 심리서가 아니기 때문에 정말 필요한 정도만 가볍게 알아보려고 해요.

앙리 마티스의 〈춤(1910년)〉이라는 작품입니다. 아주 유명한 작품이지요. 그림을 보면 어떤 느낌이 드나요? 이 그림들처럼 상반되는 색상이 어우러진 배색을 대비 배색이라고 하는데요, 이 대비 배색은 눈에 띄고 싶거나 활기를 느끼고 싶을 때 효과적인 배색법입니다. 대비 배색은 생생한 약동감, 리듬감, 역동성과 유동적인 심리 상태를 나타냅니다.

이 작품들은 고갱의 〈타히티의 여인들(1891)〉과 〈Nave Nave Moe(1894)〉입니다. 마티스의 작품과 다르게 붉고 따뜻한 계열의 비슷한 색채를 사용하고 있는데요, 그림을 보면 어떤 기분이 느껴지나요? 앞서 살펴본 대비 배색처럼 동적인 느낌이 들지는 않지요? 유사 배색은 해방감, 편안함, 조화, 따스함 등의 심리를 나타내 줍니다.

르누아르의 〈세탁부(1877~1879)〉와 〈풍경 속 젊은 여인(1915~1919)〉이라는 작품입니다. 이 작품들처럼 한 가지 색에서 명도나 채도를 조정하여 표현하는 것을 동색계 배열이라고 하는데요, 어두운 계열의 경우 고독, 슬픔, 집중 등의 심리를 엿볼 수 있고, 밝은 계열의 경우 행복감, 기쁨, 개방 등의 심리를 엿볼 수 있습니다.

어떠세요? 우리가 잘 알고 있는 작가와 작품들을 그냥 보는 것보다 이렇게 배색의 심리를 알고 보는 것은 많은 차이가 있습니다. 우리 아이의 그림도 마찬가지겠지요? 하나의 색이 한 사람 한 사람의 감정이라고 한다면, 배색은 복잡한 감정의 표현이라고 할 수 있을 것 같아요. 다만, 언제나 그렇듯 이것을 무조건 일반화할 수는 없다는 것을 기억해 주세요.

자, 그럼 아래의 그림을 한번 볼까요?

첫 번째 아이의 그림을 보면 빨강과 파랑의 배색 심리가 뚜렷하게 보입니다. 자신이 좋아하는 것과 싫어하는 것을 나누고 자신의 세계를 침범당하지 않으려는 기분이 강한 시기에 빨강과 파랑의 강렬한 배색으로 그 마음을 표현한 것이지요.

두 번째 아이의 그림은 어떤가요? 그림을 그린 뒤 아이와 대화를 통해 친구와 갈등을 해결하고 편안한 감정을 나타냈다는 것을 알 수 있

었는데요, 부드러운 구름의 느낌과 파랑과 하늘색의 유사 배색을 통해 갈등의 해결과 편안함이 드러남을 볼 수 있습니다.

이렇게 아이들의 그림에 배색 표현이 드러나는 것은 사실 자연스러운 현상입니다. 아이들은 자라면서 자신이 속한 관계와 환경을 점차 넓혀 갑니다. 가정에서 학교로, 학교에서 직장으로 점점 더 많은 관계와 다양한 환경을 겪으면서 감정 또한 다채로워지지요. 만약 한 가지 색이 하나의 감정이라면 배색, 즉 여러 색의 표현은 여러 감정의 표현이라고 볼 수 있습니다. 그러니 아이가 점점 다채로운 색을 사용하고 강렬하게 색으로 자신의 감정을 표현하는 것이 부정적이고 이상한 일이 아니라는 것을 말씀드리고 싶습니다. 늘 말씀드리지만, 아이 한 명 한 명이 다 다르니까요.

누구에게나 좋아하는 색 한 가지씩은 있지요? 하지만 지나치게 한 색만 고집하지는 않나요? 전혀 안 어울릴 것 같은 색, 나와는 어울리지 않을 것 같은 색도 사실 옆에 칠해 보면 그리 나쁘지 않다는 걸 알 수 있습니다. 인간 관계나 감정도 마찬가지지요. 나와 맞지 않을 것 같은 사람, 내가 다루기 힘든 감정들에 대한 편견과 한계를 깨고 다른 사람을 이해하고 새로운 감정들과 변화를 즐기는 연습이 인생에서는 꼭 필요합니다. 조금 어려운 내용이지만 배색의 심리를 이 책에 실은 이유는 바로 이것입니다. 아이들이 색채를 통해 조금 더 쉽게 그런 연습을 할 수 있을 것이라는 생각 때문입니다.

세상에 나쁜 색은 없습니다. 우리 아이들도 마찬가지입니다. 우리 아이의 색을 제대로 알아볼 수 있는 사람은 부모뿐입니다. 모든 색에는 장단점이 있고, 어떤 색과 함께하느냐에 따라 분위기가 달라지는 것처럼 아이의 색과 부모의 색, 우리 가족의 색을 알아보고 조화롭게 맞추어 나가 보는 것은 어떨까요? "우리 아이는 고집이 세!"가 아닌 "우리 아이는 자기 주장이 강해."라고 말해 주는 것. 거기서부터 시작해 보면 좋겠습니다. 말 한마디, 시선의 변화를 통해 아이의 색을 빛나게 할 수 있는 부모가 될 수 있습니다.

우리 가족의 색을 칠해 보자

① 색색깔의 색연필이나 크레파스를 갖고 가족이 모여요.
② 아래의 컬러링 표에 가장 먼저 아이가 '좋아하는 색' 네 가지를 골라 첫 번째 칸부터 수직으로 네 칸에 색칠합니다. 그 옆에 엄마, 아빠가 순서대로 좋아하는 색을 칠해 보세요. 그리고 그 옆은 다시 아이가 칠하는 식으로 칸이 끝날 때까지 칠해 보세요. 그리고 자신이 칠한 색의 느낌을 써 보거나 이야기해 보세요. 예를 들어 초록색이면, '수박이 좋아요', '군인', '나는 풀이다' 등의 이야기가 떠오를 수 있겠죠? 떠오르는 이야기에 제한을 두지 말고 자유롭게 말해 보세요.

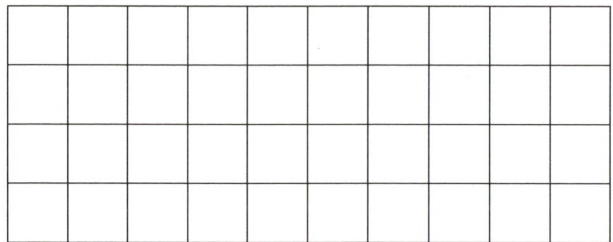

③ 그다음은 '싫어하는 색'을 앞서 한 순서대로 골라 칠해 보세요. 그리고 자신이 칠한 색의 느낌을 써 보거나 이야기해 보세요. 이 활동을 통해 서로의 속마음을 알게 되고 부정적인 마음을 긍정적으로 바꾸는 힘이 생긴답니다. 자, 그럼 시작해 볼까요?

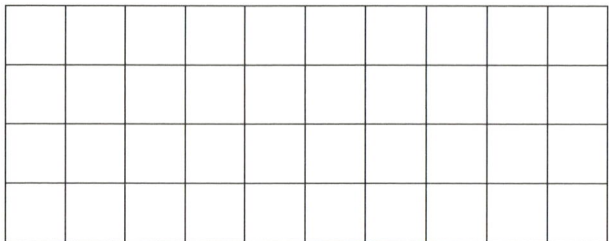

☞ 185쪽에 별도의 활동 자료가 있습니다.

★ 아이의 마음을 가늠할 때 아래의 컬러 차트를 참고해 보세요.
  내향적 심리는 소극적인 심리를 의미하고, 외향적 심리는 활동적인 심리를 의미합니다. 색의 명도가 진해질수록 억압된 감정이 있을 확률이 높고, 연한 파스텔 톤으로 갈수록 열린 마음 상태일 확률이 높습니다.

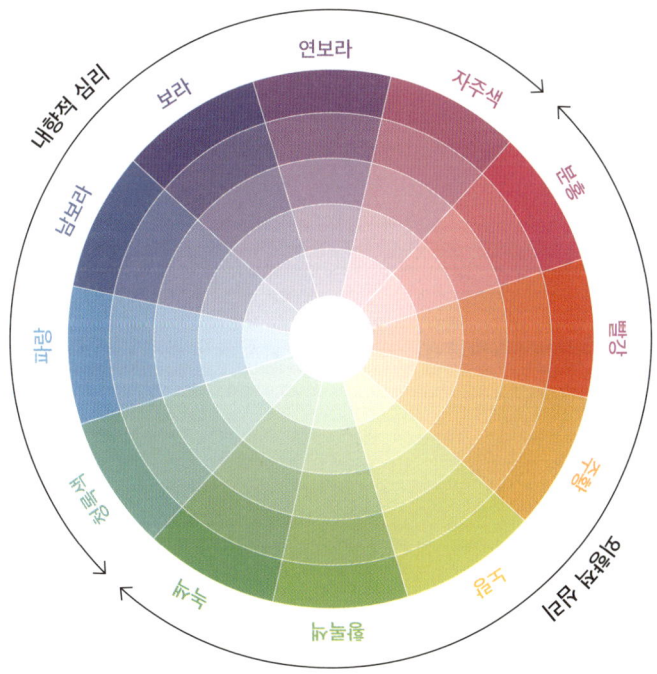

우리 아이 마음 일기

❤ 오늘 새롭게 발견한 **아이의 모습**

❤ 오늘 새롭게 발견한 **아이의 마음**

❤ 지금 우리 **아이의 마음 상태**는? 어떤 부분을 신경 써 줘야 할까?

❤ 오늘 새롭게 발견한 **나의 모습**

❤ 오늘 새롭게 발견한 **나의 마음**

선을 넘어도
괜찮아

"선생님, 우리 애가 혹시 ADHD 아닐까요?"
"애가 너무 산만해서 제가 너무 힘들어요. 가만히 있질 않아요."

책과 미디어로 육아 지식들이 쏟아지니 부모들만 더 불안해지는 것 같습니다. '혹시 우리 아이가?' 이런 걱정 때문에 말이지요. 그런데 '산만하다', '소심하다' 등을 판단하는 기준이 무엇인지 먼저 생각해 보아야 합니다. 단순히 옆집 아이보다 산만한 것인지, 책이나 미디어에 나오는 아이보다 소심한 것인지. 주관적인 기준으로 판단하기보다 객관적인 기준을 근거로 전문가의 정확한 판단을 받는 것이 중요합니다.

보통 아이들은 가만히 있지 않는 게 정상입니다. 조금 소심한 아이도 있고, 산만한 아이도 있지요. 그런데 그 모든 것을 병리적인 문제로만 판단하거나 부정적으로만 보는 것은 피해야 합니다.

저 또한 워킹맘으로 아이를 키우면서 참 많은 시행착오를 겪었습니다. 아무래도 미술치료를 전공하는 엄마다 보니 아이를 판단하기 쉬운 위치였지요. 그래서 더 스스로 조심하게 된 것도 있는 것 같습니다. 저희 딸도 참 에너지 넘치는 아이였습니다. 당연히 아이의 에너지를 어른이 따라가는 것은 한계가 있지요. 하지만 '하면 안 되는 것'과 부모인 내가 '하기 싫은 것'을 잘 구별해야 합니다.

한번은 친구들 가족과 함께 여행을 간 적이 있어요. 딸이 아주 어릴 적이었는데, 새벽부터 일어나서 밖에 나가자는 겁니다. 그때 아이를 데리고 산책을 나서는 저를 보며 친구들이 '저렇게까지?'라는 시선을 보내더라고요. 그런데 워낙 에너지가 넘치는 딸의 기질과 오랜만에 온 여행의 설렘으로 빨리 나가 놀고 싶은 마음을 아는 엄마로서는 아이가 이해됐기에 잠시 귀찮음을 내려놓고 아이와 함께 나간 것이지요.

"엄마, 나 물감놀이 하고 싶어!"

"나 모래놀이 할래!"

그 순간 부모는 갈등에 휩싸입니다.

'아, 귀찮은데.', '방금 청소했는데.', '방금 목욕시켰는데.'

근데 그것이 어느 순간, '얘는 왜 이럴까?', '우리 애는 왜 가만 있질 않지?'로 바뀌게 됩니다. 아이는 항상 새로운 자극을 요구합니다. 매순간 다양한 자극을 통해 세상을 배우고 생각과 마음이 자라는 아이이기에 너무나 당연한 것이지요. 다른 사람에게 피해를 주거나 생활 규칙에 어긋나거나 아이가 위험해지는 것이 아니라면 최대한 아이의 요구에 귀를 기울여 주는 것이 좋습니다. 에너지를 발산해야만 하는 아이도 분명 있기 때문이지요. 저 또한 늘 갈등의 연속이었습니다. '아, 귀찮은데', '빨리 강의 준비해야 하는데'가 앞설 때가 많았지요. 하지만 아이는 압니다. 엄마가 내 말에 귀 기울이고 있는지, 노력하는지. 엄마가 최대한 노력하고 있다는 것만 알아도 아이는 만족합니다.

한번은 그런 적도 있습니다. 아이가 좋아하는 털부츠가 있었는데, 그 털부츠를 너무 좋아해서 여름에도 신겠다고 고집하는 겁니다. 아마 아이를 키우는 부모들은 다 공감할 겁니다. 계절에 맞지 않는 신발이나 옷, 엉뚱한 소품을 고집할 때 정말 난감하지요. 왜 안 되는지 설명하고 설득해도 안 될 때는 그냥 마음껏 하게 두는 것도 방법입니다. 털부츠를 신으면 분명 더울 것이고 고생스러울 것이라고 설득하지만, 그게 통하지 않으면 맘껏 신게 내버려 두는 겁니다. 원래 못하게 하면 더 하고 싶은 법이라고 하잖아요. 마음껏 하게 해 주면 어느 순간 다른 것으로 관심이 옮겨 간답니다.

아이의 기질을 파악할 수 있는 미술 활동을 하나 소개해 볼까 합니다. 동그라미, 세모, 네모 등 도형을 크게 그려 준 다음 여러 색의 색종이를 제공하고 그것을 잘라 붙여 보게 하는 것인데요, 어떤 아이는 색종이를 손으로 찢어서 붙이고, 어떤 아이는 가위로 크기를 맞춰 잘라 붙입니다. 또 어떤 아이는 선을 넘지 않게 도형 안쪽에만 붙이려고 노력하고, 어떤 아이는 아예 도형 밖에만 붙이지요. 아이의 성향에 따라 결과물은 천차만별입니다.

세 아이의 작품을 한번 볼까요? 그림 1의 경우 외향적인 성향이라는 걸 한눈에 파악할 수 있습니다. 그리고 도형 안에만 붙여야 한다고 생각하기 쉬운데 오히려 밖을 채운 것을 보면 창의력이 돋보입니다. 색종이 조각도 여러 색, 여러 크기로 자유분방하지요.

그림 2와 3은 얼핏 보면 비슷한 내향적인 성향인 것 같습니다. 하지만 약간의 차이가 있어요. 2번 아이의 경우는 도형을 최대한 꽉 채우

그림 1

그림 2

그림 3

려고 하면서도 선을 절대 넘지 않으려고 하지요? 완벽주의 성향이 아주 강한 아이임을 알 수 있습니다. 근데 3번을 보면 뭔가 텅 빈 느낌을 감출 수 없습니다. 색종이 색깔도 빨간색 한 가지만 선택했고, 도형에 맞게 동그라미, 세모, 네모로 종이를 잘라서 붙였습니다. 그 크기도 모두 비슷하지요. 내향적인 성향이고 상당히 소극적인 기질을 가지고 있다는 것을 알 수 있어요.

  그림 4와 5의 아이도 얼핏 보면 비슷한 기질처럼 보이지만, 살짝 다릅니다. 둘 다 선을 넘지 않게 주의하여 붙였지만, 4번의 경우 색과 모양에 구별 없이 채운 것을 볼 수 있지요. 반면 5번은 동그라미 안은 동그라미, 세모 안은 세모, 네모 안은 네모 모양으로 정확하게 나누어서 붙인 것을 볼 수 있습니다. 이렇게 아이들의 작품을 보면 단순히 외향, 내향 두 가지로만 나누어지지 않습니다. 세상에 같은 아이는 단 한 명도 없습니다. 이러한 미술 활동은 내 아이의 기질을 세심하고도 정확하게 파악할 수 있는 정말 좋은 방법입니다.

그림 4   그림 5

이렇게 아이의 기질을 파악할 수 있는 활동을 살펴보았는데요, 사실 아이의 기질에 따라 미술 활동 재료나 방식이 달라집니다. 외향적이고 에너지를 발산해야 하는 아이들은 주로 외적 재료를 활용합니다. 모래, 물, 비누, 밀가루 등 손으로 직접 만질 수 있는 활동을 하는 것이지요. 손은 아주 중요합니다. 손을 통해 부드러운 촉감을 느낌으로써 몸과 마음이 이완됩니다. 감정이 풀어집니다. 그래서 충동성이 강한 아이들이나 장애인과 활동할 때 점토를 가장 많이 사용하지요. 같은 재료라도 표현 방식을 다르게 하는 것도 방법입니다. 붓이나 연필로 그리는 것보다 핑거 페인팅을 하거나 물감을 뿌리거나 종이를 찢고 찰흙을 던지는 등 조금 더 에너지 넘치는 활동을 유도할 수 있습니다.

이런 활동은 아이의 기질에 맞게 활용할 수도 있지만, 아이의 기분과 상황에 맞게 활용할 수도 있습니다. 가령, 동생이 태어나서 스트레스가 쌓여 분출이 필요하다거나, 비나 눈이 와서 바깥 놀이가 힘들어 에너지를 발산하지 못해 짜증을 낸다거나 하는 상황에서 이런 활동들을 활용해 볼 수 있는 것이지요. 이런 상황에 활용할 수 있게 이어지는 활동 페이지에는 에너지 발산에 유용한 다양한 활동들을 수록했으니 도움이 되기를 바랍니다.

아이들과 가장 많이 하는 미술 놀이를 꼽으라면 아마 색칠 공부, 컬러링일 겁니다. 아이들이 좋아하는 다양한 캐릭터부터 알파벳, 한글에 이르기까지 참 많은 도안들이 있지요. 그런데 이상하게 아이의 색칠이

삐죽삐죽 선 밖으로 빠져 나가면 마음이 불편해지는 부모들이 있습니다.

"여기 선에 맞춰서 색칠해야지."

어쩌면 아이의 문제가 아닌 부모 마음의 문제일 수도 있습니다. 선을 넘어도 괜찮습니다. 우리 아이가 남들과 조금 다르다고 해도, 내 마음에 그어 놓은 기준선에서 조금 벗어났다고 해도 괜찮습니다. 주관적인 기준을 버리고 있는 그대로 내 아이를 받아들일 때 아이의 속마음이 진짜 들리기 시작한답니다.

 **활동 1**

색종이로 알아보는 우리 아이 기질

도형을 꾸며 보는 활동을 통해 아이의 기질을 파악할 수 있습니다. 아이에게 다양한 색깔의 색종이를 주고 아래의 밑그림에 마음대로 붙여 보게 하세요. 그리고 앞서 이야기한 여러 사례와 비교해 보며 우리 아이의 기질을 파악해 보세요. 물론 전문가가 아니기 때문에 단번에 기질이 파악되지 않을 수 있습니다. 아이와 대화를 나눠 보며 우리 아이가 어떤 기질을 가지고 있는지 찬찬히 살펴보세요.

☞ 187쪽에 별도의 활동 자료가 있습니다.

활동 2 기질별 미술 놀이

내 아이의 기질을 파악해 보았다면, 이제는 그에 맞는 다양한 미술 재료들로 아이의 기질에 맞는 활동을 해 볼 차례입니다. 외향적인 아이들은 대체로 물감이나 모래 등의 미술 재료를 몸에 묻히는 데 대한 두려움이 없습니다. 미술 재료들을 직접 만져 보며 온몸으로 뛰어들어 활동하는 걸 좋아하지요. 반면에 내향적인 아이들은 눈으로 관찰하며 탐색하는 걸 좋아하고, 미술 재료가 몸에 묻는 걸 꺼리는 경우가 많습니다. 손에 묻지 않게 도구를 활용하려 하고, 손이나 몸에 묻더라도 쉽게 잘 털어 낼 수 있기를 바라지요. 이렇게 기질에 맞는 활동을 통해 아이의 욕구를 해소하고 감정을 풀어 줄 수 있습니다.

물론 미술 놀이를 하다 보면 외향적인 아이는 좀 더 차분한, 내향적인 아이는 좀 더 역동적인 활동을 하면서 기질을 보완해 주기도 합니다. 다음의 활동들은 기준을 제시할 뿐이고, 아이가 원하면 더 차분하게 혹은 더 역동적으로 놀이를 해 주어도 좋습니다.

모래

외향적인 아이

집에서 활동할 수 있는 모래를 준비해 주세요. 없으면 놀이터에서 모래놀이를 해도 좋습니다. 뭉쳐지지 않는 모래라면 물을 부어 뭉쳐서 좋아하는 조형물을 만드는데, 이때 이쑤시개나 나무젓가락, 종이컵, 구슬, 종이 등 여러 재료들을 함께 사용해 원하는 대로 마음껏 만들게 해 주세요.

내향적인 아이

직접적으로 조형물을 만드는 대신, 모래 안에 물건들을 숨겨 두고 그것을 발굴해 내며 탐색하는 시간을 갖도록 해 주세요. 도구를 사용하고 싶어 하면 사용하게 해 주세요. 모래에 대한 질감을 처음부터 강요하기보다는 천천히 재료에 익숙해질 수 있게 도와주는 것이 좋습니다.

외향적인 아이

물에 물감을 풀어 손을 담그고 직접 뿌려 보는 활동을 하면 좋습니다. 이런 활동을 하려면 욕실이 가장 좋은 활동 장소가 되겠죠? 속상했던 일을 그림으로 그린 뒤 욕실 벽에 붙여 놓고 물감을 마음껏 뿌려 보거나 물풍선을 만들어 그림에 던져 터트리는 활동을 통해 스트레스를 풀 수 있습니다.

내향적인 아이

라이스페이퍼에 매직으로 그림을 그린 뒤, 물에 담급니다. 딱딱해서 뚝뚝 부러지던 라이스페이퍼가 물에 흐물흐물 변해 가는 과정을 관찰하게 해 주세요.

비누

외향적인 아이

물에 거품 입욕제를 풀어 직접 몸에 거품을 묻혀 가며 마음껏 활동하게 합니다.

내향적인 아이
거품 비누 스프레이로 그림을 그리고, 모양을 만들어 관찰합니다.

밀가루

외향적인 아이
밀가루 풀을 만들어 지퍼백에 담아 주세요. 이때 여러 개의 지퍼백을 준비해 각각 다른 색의 밀가루 풀을 만들면 좋습니다. 지퍼백이 터지지 않게 밀가루 풀을 얇게 넣어 잘 밀봉한 다음, 지퍼백 겉면에 대고 손가락으로 그림을 그리는 놀이를 해 주세요. 지퍼백 안의 밀가루 풀을 부어서 손으로 그림을 그리는 놀이를 해도 좋습니다.

내향적인 아이

먼저 밀가루를 탐색하는 시간을 가져 주세요. 그리고 밀가루로 반죽을 해서 도구나 찍기 틀을 이용해서 모양을 만듭니다. 이렇게 만든 모양으로 수제비를 해 먹어도 좋고, 밀가루 반죽에 물감을 섞어 모양을 만들면서 관찰하는 활동도 좋습니다.

긴장감이 높은 아이

감자 전분에 물을 섞어서 손으로 쥐었다가 흘려보내는 감자 전분 놀이로 긴장을 이완시켜 줄 수 있습니다. 손 이외에 체나 포크, 국자 등 도구를 사용할 수 있게 제공해 주어도 좋습니다.

캠핑장

캠핑에서의 활동은 외향과 내향의 구분이 특별히 필요하지는 않습니다. 주변에 널려 있는 돌이나 나뭇가지를 주워 와서 원하는 대로 구조물을 만들게 해 주세요. 미리 목공풀이나 공작용 철사, 고무줄 등을 준비해 가면 좋습니다.

외향적인 아이

보통 외향적인 아이는 크고 역동적인 구조물을 만드는 경향이 있습니다. 그게 무엇이 되었든 아이가 마음 가는 대로 만들게 해 주세요.

내향적인 아이

대체로 내향적인 아이는 캠핑 테이블에 장식할 수 있는 작은 장식물을 만듭니다. 여긴 이렇게 해야지, 저렇게 해야지 하고 참견하는 대신, 아이가 구조물을 다 만든 뒤 그것에 대해 조목조목 설명하는 걸 잘 들어 주세요.

우리 아이 마음 일기

♥ 오늘 새롭게 발견한 **아이의 모습**

♥ 오늘 새롭게 발견한 **아이의 마음**

♥ 지금 우리 **아이의 마음 상태**는? 어떤 부분을 신경 써 줘야 할까?

♥ 오늘 새롭게 발견한 **나의 모습**

♥ 오늘 새롭게 발견한 **나의 마음**

잘할 수 있다

별

딸아이가 6살 무렵, 유치원 학예회에서 있었던 일입니다. 무대에 있어야 할 아이가 보이지 않아 찾았더니 부끄러움에 무대 뒤에 숨어 있는 것이었어요. 집에서의 발랄하고 장난기 넘치는 아이의 모습을 상상한 저로서는 적잖은 충격과 실망이었습니다. 일하는 엄마라 아이를 잘못 돌봐 주었나 괜히 자책도 들고, 나보다 더 속상해하는 딸아이의 모습이 마음에 걸리더군요. 어느 날 작은 종이에다 기도하는 마음으로 빨간 별을 그리고 쪽지 모양으로 접어 아이에게 다가갔습니다.

"지난번 학예회에서 말이야. 왜 무대에 숨어 있었어? 우리 딸, 연습도 잘했고 잘할 수 있는데, 많이 부끄러웠어?"

"엄마, 나도 잘하고 싶어."

"엄마가 너한테 진짜 잘할 수 있는 법을 알려 줄게."

"뭔데?"

"이거 '잘할 수 있다' 별인데, 이걸 신발주머니에 넣어 갖고 다니면 정말 잘할 수 있다?"

"우와, 이거 어디서 났어?"

"엄마가 아는 교수님이 주셨어."

"우와~."

그리고 며칠 후, 유치원 선생님으로부터 다급한 전화가 걸려 왔습니다. 아이가 계속 울고만 있다는 전화였는데, 열 일 제치고 갔더니 딸아이가 원장실에서 주머니에 손을 찔러 넣은 채 울고 있었습니다.

"학예회 연습 중이었는데, 정말 잘했거든요. 그래서 칭찬도 많이 받고 잘하고 있었는데, 잠깐 화장실에 다녀온 뒤로 계속 울기만 하더라고요."

울고 있는 아이에게 조용히 다가가니 아이가 작게 속삭였습니다.

"엄마, 아는 교수님이 준 별이 없어졌어."

심기혈정心氣血精이라 했던가요, 마음이 통하는 곳에 피가 통한다는 말입니다. 심리학에서는 '플라시보 효과'라 하고, 미술치료에서는 보이지 않는 미술의 힘이라고 하지요.

플라시보는 '기쁨을 주다', '즐겁게 하다'라는 라틴어로, 의사가 아무런 효과가 없는 약이나 긍정적인 시술을 진행함으로써 환자가 나아지는 현상을 말합니다. 예전에 방영된 드라마 〈우리들의 블루스〉에서 교통사고로 의식이 없는 아빠를 위해 달에게 소원을 비는 장면이 등장했는데요, 사고 전 아빠와 관계가 두터웠던 아이는 100개의 달을 볼 수 있는 곳이 있고, 100개의 달에게 소원을 빌면 무엇이든 이루어진다는 아빠의 말을 굳게 믿고 있었습니다. 이 아이의 간절함을 외면하지 못한 어른들이 밤바다에 배를 띄워 수십 개의 등을 달아 100개의 달을 만들어 냈고, 아이가 간절히 소원을 비는 장면이 큰 감동을 불러일으켰지요. 결과적으로 아빠는 의식을 회복했고요. 누군가는 이 이야기를 현실성 없다 생각할 수도 있습니다. 하지만 무언가를 믿고 간절히 소망하는 것은 분명 힘이 있습니다.

일본의 한 소아과 의사의 처방이 화제가 된 적이 있는데요, 변비로 고생하는 아이들에게 아이가 제일 좋아하는 인형이나 동물, 꽃 등을 그리고 그것을 아기 변기에 깔개로 깔아 주게 했습니다. 그러고는 이 그림들이 아이를 응원하고 변을 잘 누게 해 주는 힘을 준다고 상상하도록 이야기를 해 주었지요.

저에게 찾아왔던 아이 중 한 명은 병원에서는 아무 이상이 없는데 머리가 깨질 듯 아픈 증상으로 고생하고 있었습니다. 아이에게 가장 행복하고 편안했던 기억을 그림으로 그리게 한 뒤, 잘 보이는 곳에 그림을 두고 두통이 생길 때마다 보며 그 기억을 떠올리게 했더니 점차 두통이 사라졌습니다. 이처럼 심리적인 부분이 신체적 증상으로 드러나는 것을 '신체화 증상'이라고 합니다. 때로는 직접적으로 약을 먹는 것보다 행복한 기억을 떠올리는 것이 확실한 치료제가 됩니다.

혹시 우리 아이에게 부족한 부분이나 도움이 필요한 부분이 보이지는 않나요? 그럴 때 '너는 왜 그러니?', '이렇게 좀 해 봐.'라며 다그치기보다 아이와의 비밀 암호처럼 둘만의 상징을 만들어 보는 건 어떨까요?

시간이 흘러 딸아이가 초등학교 3학년 무렵이었습니다. 그때는 제가 일이 많아 너무 바쁘던 시절이었는데, 갑자기 배가 아프고 식은땀이 나더니 의식을 잃고 쓰러졌습니다. 병원에 가 보니 급성 맹장염이라고 하더군요.

'수업을 다른 교수님한테 넘겨야 하는데…. 이건 누구한테 부탁해야 하지?'

수술을 받고 병실에 누워 이런저런 생각을 하다 갑자기 제 처지가 처량하게 느껴졌습니다. '뭐 때문에 그렇게 기를 쓰고 일을 했을까. 결국은 이 모양 이 꼴로 누워 있을 것을.' 하는 생각에 의욕도 떨어지고 마음이 힘들었지요. 그때 수업을 마친 아이가 가방을 메고 병원에 왔습니다.

"엄마, 자!"

딸이 가방에서 종이 쪽지를 꺼내어 내밀었습니다.

"응? 이게 뭐야?"

종이를 펼치자 아이가 서툴지만 정성스레 그린 별들이 쏟아졌습니다. 별 옆에는 '잘할 수 있는 별'이란 글씨와 함께 응원하는 글이 적혀 있었어요. 두 눈 가득 눈물이 차올랐습니다. 4년 전, 아이를 위해 기도하는 마음으로 그렸던 별이 4년 후 엄마를 응원하는 마음이 되어 돌아온 것입니다. 언젠가는 아이도 눈치챘을 겁니다. '잘할 수 있다' 별이 진짜가 아닌 그저 엄마의 그림일 뿐이라는걸. 하지만 그 속에 담긴 엄마의 마음은 가짜가 아니라 진짜라는 걸 느끼지 않았을까요. 아직도 딸아이의 별은 제 수첩 속에서 늘 저와 함께합니다.

집 안과 밖이 다른 우리 아이, 괜찮은 걸까?

집에서는 목소리도 크고 활발한데 밖에만 나가면 움츠러드는 아이, 집에서도 말이 없고 매사에 소극적인 아이. 같은 내향성 기질의 아이라도 아이의 마음은 모두 다릅니다.

'나 더 잘하고 싶어!'

'나도 앞에 서고 싶어!'

'사람들이 보는 게 무서워.'

'새로운 환경에선 너무 긴장되고 답답해.'

아이에 따라서 같은 환경임에도 전혀 다른 도움을 주어야 합니다.

〈오즈의 마법사〉에서 가짜 마법사 오즈가 뇌를 원하는 허수아비의 머릿속 지푸라기를 수선해 주고, 따뜻한 마음을 원하는 양철 로봇에게는 가짜 심장을, 겁 많은 사자에게는 용감해지는 약이라며 가짜 물약을 줬던 것을 기억하시나요? 그리고 모험의 여정 끝에 도로시는 그토록 원했던 집으로 돌아갈 방법이 본인이 이미 신고 있던 은색 구두였다는 것을 알게 되지요. 결국, 이들 모두가 갈망했던 모든 것들이 자신들 내면에 있었다는 사실을 깨닫게 되면서 이야기는 끝이 납니다. 우리 아이가 원하는 것은 무엇일까? 그것을 고민해 보는 것부터가 이 활동의 시작입니다. 그리고 그것이 이미 우리 아이의 내면에 있음을 믿고, 응원하는 마음으로 함께 둘만의 특별 처방전을 만들어 보세요. 부모가 믿고, 말하는 대로 아이는 자란답니다.

❶ 자녀와 〈오즈의 마법사〉 동화책을 읽거나 영화를 감상해 보세요. (큐알코드를 찍으면 오즈의 마법사 영상을 감상하실 수 있습니다.)

1부   2부

❷ 책을 읽거나 영화를 감상한 후, 부모와 자녀가 함께 자신이 갖고 싶은 것은 무엇인지 이야기를 나눠 보세요. 자신감이 생겼으면 좋겠다, 공부를 잘하고 싶다, 힘이 셌으면 좋겠다 등 그 어떤 것도 좋습니다. 자신의 마음에 귀를 기울이며

자신이 진짜 원하는 게 뭔지 생각해 보는 시간을 갖는 것에 의미가 있습니다.

❸ 둘만의 특별 처방전을 만들어 보세요. 용기를 갖고 싶은가요? 잘할 수 있다 별처럼 스티커를 만들어서 가방이나 필통에 붙여도 좋고, 용기와 관련된 그림을 그려 벽에 걸어 두어도 좋습니다. 건강해지고 싶다면 매일 아침 건강 주스 마시기를 처방전으로 만들어도 좋겠네요. 부모와 자녀가 함께 만든 처방전은 매일매일 난 해낼 수 있다는 힘을 줄 것입니다.

우리 아이 마음 일기

💗 오늘 새롭게 발견한 **아이의 모습**

💗 오늘 새롭게 발견한 **아이의 마음**

💗 지금 우리 **아이의 마음 상태**는? 어떤 부분을 신경 써 줘야 할까?

💗 오늘 새롭게 발견한 **나의 모습**

💗 오늘 새롭게 발견한 **나의 마음**

우리 가족은
어떤 모습일까?

아이 한 명을 키우는 데 온 마을이 필요하다는 아프리카 속담이 있지요? 많은 부모가 이 속담에 공감하면서도 정작 가정 안에서조차 협력과 지지가 이루어지지 않는 케이스가 많습니다. 제 연구소에 상담 신청을 하는 사람들의 70%가 자녀에 대한 고민을 가진 엄마들입니다. 그리고 나머지 30%가 자존감의 문제, 우울증, 공황 장애 등 마음의 어려움을 겪는 성인들이지요. 가족이 같이 오는 경우가 있긴 하지만, 아빠와 함께 오는 사례는 아주 드뭅니다. 그만큼 아이의 양육이나 문제에 책임의 무게가 가족 구성원 전체가 아닌 엄마에게 집중되어 있다고 봐야겠지요.

제가 상담을 했던 가정 중에 초등학교 5학년 아이가 있었습니다. 아빠는 출장이 잦아 집에 잘 들어올 수 없는 상황이었고, 아이의 핸드폰 사용과 관련해서 계속 트러블이 생겨서 저를 찾아온 케이스였지요. 미디어를 극히 멀리하는 아빠는 오랜만에 아이와 함께 시간을 보내고 소통하고 싶은데 아이가 핸드폰만 보니 그것을 지적하게 되고, 아이는 함께 보내는 물리적인 시간이 적고 정서적 교류가 적은 아빠가 강한 어조로 꾸짖으니 반감이 들고 마음의 문을 더 닫게 되었지요. 그 가운데에서 주양육자인 엄마는 중재하기보다 아이가 주눅 드는 것이 안타까워 오히려 남편을 탓했고, 그럴 때마다 오히려 남편은 자녀의 미디어 제한을 제대로 하지 않는 아내에게 책임을 물으며 불만을 표출했습니다. 결국, 모두가 마음의 문을 굳게 닫아 버린 상태였지요.

이런 사례도 있었습니다. 한 초등학생의 무료 상담을 할 때였는데, 아이의 그림에서 이상한 점이 보였습니다. 활동 가족화를 그렸는데, 엄마는 부엌에서 요리하고 있고 아빠는 구석에서 신문을 보고 있더라고요. 근데 정작 이 아이 자신은 없는 겁니다.

"친구야, 근데 너는 어디 있어?"

"난 방에서 게임해요."

함께 밥을 먹고, 공간을 공유하지만 전혀 소통이 없는 모습이었죠.

많은 가정에서 가족 내 소통, 또는 아이와의 소통 문제로 아트 테라피 상담을 신청합니다. 사회 분위기나 미디어의 발달이 미치는 영향도 있겠지만, 근원적인 문제는 결국 가족 내에 있습니다. 아주 어린 아이일 때부터 아이가 짜증이 나서 울거나 화가 나서 또는 지루해서 놀아 달라고 보챌 때마다 그 대안으로 미디어를 제시한다면, 아이는 성장하면서 자신의 감정에 불편함을 느낄 때마다 미디어로 향할 가능성이 높습니다. 자신이 배운 가장 쉬운 방법이기 때문이지요. 그래서 아이가 어리면 어릴수록 마음의 감정을 읽어 주고 알려 주고 그것을 해결하는 법을 가르치는 것이 매우 중요합니다.

"우리 ○○이가 배가 고파서 짜증이 났구나?"

"심심해? 엄마가 안 놀아 줘서 화가 났어?"

라고 아이의 감정을 읽어 주면, 아이는 자신의 감정을 깨닫고 이후부터는 제대로 표현하게 됩니다. 그리고 그에 맞는 해결책을 가르치면 아이는 성장하면서 스스로 해결책으로 향합니다. 물론 처음 이 과정에서 많은 부모가 좌절합니다. 아이는 한번에 알아듣는 존재도 아닐뿐더러 미디어를 틀어 주는 것의 두세 배 이상의 노력이 필요하니까요. 하지만 처음 이 지난한 과정을 거치고 나면, 어느 순간 아이는 알아서 성장합니다.

그렇다고 무조건 미디어를 차단하라거나 미디어를 활용한 육아 방식을 비난하는 것은 아닙니다. 꼭 필요할 때, 긍정적으로 미디어를 활용하는 것은 오히려 육아에 상당 부분 도움이 됩니다. 교과서대로 살 수 있는 사람이 세상에 어디 있을까요? 부모도 사람이고 때로는 무너질 때가 있는 법입니다. 저는 그것을 탓하려는 것이 아닙니다. 그런 상황에서 아이나 양육자를 돕고 지지하는 가정의 분위기가 중요합니다. 무엇보다 중요한 것은 가족 구성원 모두가 서로를 존중해야 한다는 것입니다. 부모는 아이를 존중해야 하고, 부부는 서로를 존중해야 합니다.

첫 번째 상담 사례를 한번 볼까요? 그냥 보기에는 아빠의 강압적인 지시나 꾸지람이 가장 큰 문제처럼 보일 수 있습니다. '하지 마', '무조건 안 돼'처럼 강압적이고 지시적인 일방향 소통은 감정적 소통이 없는 상태에서 큰 독이 되지요. 그러나 더 깊이 들어가 생각해 볼 필요가 있습니다. 만약 아빠가 주양육자인 엄마를 존중해서 엄마의 생각을 물어보고 서로 의견을 나누어 조율했다면 어땠을까요? 만약 엄마가 아빠를 존중해서 아이에게 아빠의 의도를 설명해 주고 아빠의 말을 따르려고 노력해 보자고 제안하는 태도를 보였다면 어땠을까요?

바쁜 아빠라고 해서 아이와 모두 소통이 어려운 것은 아닙니다. 아빠가 바쁘지만 아이와의 관계가 좋은 가정을 보면 대부분은 부부의 소통이 아주 원활합니다. 부부가 소통이 잘되면 부모와 아이도 소통이 잘되기 마련입니다.

 ## 가족화로 우리 가족의 모습을 알아보자

우리 아이는 가족을 어떻게 생각할까? 아이와 함께 '우리 가족'을 주제로 그림을 그려 보세요. 현재의 우리 가족을 그려도 좋고, 과거나 미래의 모습을 그려도 좋습니다. 최대한 자유롭게 그리도록 해 주세요. 그림을 다 그린 후, 자신의 그림을 발표하거나 설명하는 시간을 가지며 자유롭게 대화를 나눠 보세요.

 **활동 2** 우리 가족은 어떤 모양일까?

자유 그림이 어려운 아이의 경우, 다양한 도형 그림을 주고 색칠하는 활동을 해 볼 수 있습니다. 여러 가지 모양 중에 엄마는 어떤 모양인지, 나는 어떤 모양인지, 도형 아래 가족의 이름을 쓰고 색을 골라 색칠해 보세요. 그런 다음, '엄마' 하면 왜 이런 모양이 떠오르는지 어떤 느낌 때문에 이런 색으로 색칠했는지 대화를 나눠 보세요.

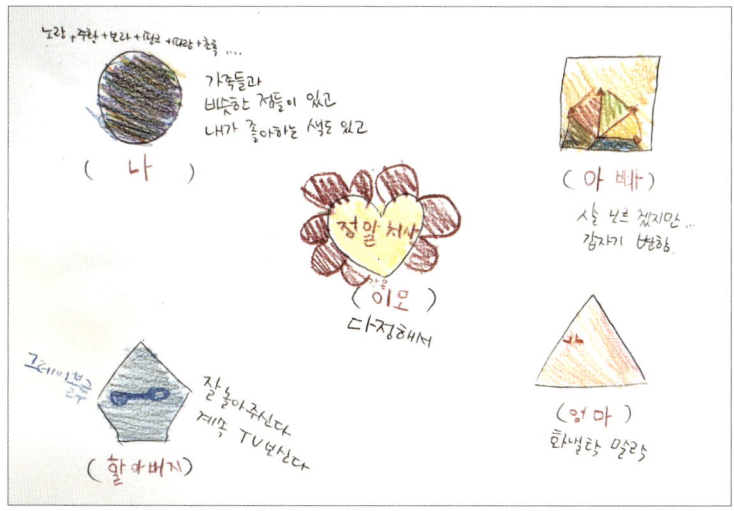

우리 아이 마음 일기

♥ 오늘 새롭게 발견한 **아이의 모습**

♥ 오늘 새롭게 발견한 **아이의 마음**

♥ 지금 우리 **아이의 마음 상태**는? 어떤 부분을 신경 써 줘야 할까?

♥ 오늘 새롭게 발견한 **나의 모습**

♥ 오늘 새롭게 발견한 **나의 마음**

우리는
연결되어 있을까?

영화 〈E.T〉의 명장면을 아시나요? 외계인 이티와 주인공 엘리엇이 손끝을 마주 대는 것으로 마지막 인사를 하는 장면이 나옵니다. 언어부터 생각까지 모든 것이 달랐던 둘이 손끝을 맞대어 교감하는 장면이 이 영화의 큰 메시지가 되어 주었죠. 혹시 아이와 손가락을 맞대어 본 적이 있으세요? 저는 가끔 상담하러 온 아이와 부모에게 손가락을 멀리서부터 맞대어 보라고 시키곤 합니다. 직접 해 보면 알겠지만, 이 작업은 사실 엄청난 집중을 요합니다. 은근히 쉽지가 않아요. 감정에 따라 손가락의 컨디션도 달라지거든요. 그런데 서로 집중해서 손가락을 맞대다 보면 정말 마음이 연결되는 느낌을 받게 됩니다.

미국의 인간 중심 심리학자 로저스는 사람들과 처음 만났을 때 손

맞춤을 먼저 한다고 합니다. 또 상대방의 행동을 따라 하고 자신의 행동을 상대가 따라 하게 하는 활동을 하는데, 이것이 서로 마음을 여는 데 효과적이라고 해요.

아이 역시 이렇게 부모와 서로 연결되어 있는 느낌, 교감을 통해 정서적 안정감을 갖습니다. 영유아기의 애착 형성이 매우 중요하다는 것을 모르는 분은 아마 없을 겁니다. 만 0~3세 시기에 애착이 제대로 형성되지 않으면 아이가 성인이 되어서까지도 성격 형성이나 심리적인 부분에서 부정적인 영향을 끼칠 수 있기에 매우 중요합니다.

과거 한 남자아이와 엄마가 상담을 신청한 적이 있습니다. 엄마의 머리카락이 길었는데, 아이가 초등학교 6학년으로 큰 편인데도 엄마의 머리카락을 계속 빨고 있어 기억에 남는 케이스였습니다. 이 아이의 문제는 바로 엄마와 제대로 된 애착을 형성하지 못했던 것이었습니다. 애착이 제대로 형성되지 못했을 때 아이는 엄마와 연결된 느낌을 갖기 위해 엄마의 특정 신체 부위에 집착하는 경우가 있습니다. 어떤 아이는 엄마의 배꼽에 손가락을 집어넣기도 하지요. 이런 경우에는 어렸을 때 공감해 주지 못했던 아이의 감정을 충분히 공감해 주는 것이 첫 번째로 중요합니다. 예전에 일본에서 미술치료를 공부할 때 다소 충격적인 영상을 본 적이 있습니다. 초등학교 6학년 정도로 보이는 아이가 엄마와 마트에 가서 카트에 기저귀, 젖병 등 아기 용품들을 담는 거예요. 그리고 젖병에 우유를 담아서 먹고, 엄마의 치마 속에 들어

가서 놀기도 하고 아이처럼 구는 겁니다. 이 아이 역시 제대로 된 애착 형성을 하지 못해 애정 결핍과 불안을 겪는 경우였지요. 이럴 때 "다 큰 애가 애기처럼 왜 이래?!"라고 아이를 야단치기보다 둘이 있을 때 그 시기에 못했던 감정들을 경험하고 풀 수 있게 공감해 주어야 합니다.

그다음은 불안한 아이의 마음을 안정시켜 줄 애착 물건을 만들어 주는 것이 도움이 됩니다. 되도록 함께 만들면서 엄마와 함께하는 즐거운 기억과 의미를 담아 주는 것이 좋아요. 앞서 엄마의 머리카락에 집착하던 아이의 경우 미술치료를 하면서 증상이 많이 완화되고 있었는데요, 극심한 스트레스를 견딜 수 없었던 엄마가 상담 도중 별안간 머리카락을 짧게 자르고 온 거예요. 당연히 아이는 반항심을 분노로 강하게 표출했고, 치료가 더 길어질 수밖에 없었습니다. 아이에게는 아이만의 속도가 있습니다. 그리고 다른 사람 모두가 답답해하더라도 부모는 그 속도에 발을 맞춰 주고 기다려 주어야 합니다.

여기서 어떤 분은 오해를 하실 수도 있습니다. 그러면 아이가 만 3세가 될 때까지 무조건 엄마가 집에서 돌보아야 하는 걸까? 하지만 이렇게 질문해 보면 어떨까요? '단순히 엄마가 곁에 있어 준다고 안정적인 애착 형성이 될까?'

저는 아이와의 정서적인 교감이 가장 중요하다고 생각합니다. 늘 함께 있지만 눈길 한번 주지 않는 것보다는 짧은 시간이라도 아이와 눈을 맞추고 웃으며 스킨십하는 교감의 시간을 가지는 것이 훨씬 낫지 않을까요. 갓난아기라도 다 압니다. 엄마의 눈빛, 냄새, 목소리를 통해 엄마의 사랑을 다 느낍니다. 저 역시 일하는 엄마였습니다. 일 때문에 아이를 친정 어머니께 맡기고 외출을 할 때면 제가 입던 옷과 몸에 지니던 가제 수건 등을 아이에게 안겨 주며 말도 못하는 아기에게 "엄마가 강의가 있어서 나갔다 올게. 언니 오빠들 잘 가르쳐 주고 얼른 돌아올게!" 반복해서 설명해 주었습니다. 친정 어머니는 그런 저에게 입던 옷을 왜 주냐고, 말도 못 알아듣는 애한테 뭘 그러냐며 얼른 나가라고 했지만, 시간이 지나서 애착에 어려움을 겪는 주변 아이들을 보시고는 그때의 노력을 칭찬해 주시게 되었지요. 충분하지는 않겠지만, 아이는 엄마가 자신에게 최선을 다하고 있다는 것을 충분히 느낀답니다.

마지막으로 강조하고 싶은 것은 바로 '스킨십'입니다. 앞서 이티의 손가락 맞춤에서도 잠깐 이야기했듯이 스킨십은 영유아기에만 할 수 있는 사랑의 표현입니다. 사실 아이들이 초등학교만 들어가도 부모와 포옹을 하거나 팔짱을 끼려고 하지 않잖아요. 그런데 스킨십은 아이가 부모와 연결되어 있음을 가장 직접적이고 즉각적으로 느낄 수 있는 방법입니다. 될 수 있으면 아이와 함께 보내는 시간에 한 번이라도 아이를 더 안아 주고 보듬어 주세요.

"이제 너도 초등학생이니까 혼자 자야지."
"이제 곧 중학교 가니까 엄마한테 그만 치대."
가 아니라

"무서우면 언제든 엄마를 부르렴. 엄마가 옆에 있어 줄게."

"엄마랑 같이 있으니까 좋아? 엄마도 ○○이가 좋아."

라고 말해 보면 어떨까요? 다른 사람들의 기준과 편견보다 아이의 마음에 집중해 주세요. 아이들의 마음은 정직합니다. 부족했던 마음이 채워지면 아이들은 알아서 제자리를 찾아갑니다.

스킨십으로 애착 형성하기

스킨십은 애착 형성이나 아이의 불안을 완화시켜 주는 힘이 있습니다. 하지만 아이와 자연스럽게 스킨십하는 것이 생각보다 어렵지요. 하지만 걱정 마세요. 자연스럽게 스킨십을 할 수 있는 미술 활동이 많답니다. 그중에서 물감 놀이를 함께 해 보기로 해요.

❶ 큰 종이를 준비해 주세요. 그리고 여러 색의 물감을 짜서 손이나 발에 물감을 묻혀 종이에 찍거나 문지르면서 그림을 그려 보세요.

❷ 아이와 부모가 각각 다른 색의 물감을 손에 묻힌 뒤 손을 맞대고 물감을 섞어 보세요. 어떤 색이 되었나요? 함께 종이에 찍고 문지르고, 또 손과 발을 맞대고 문질러 보세요.

우리 아이 마음 일기

♥ 오늘 새롭게 발견한 **아이의 모습**

♥ 오늘 새롭게 발견한 **아이의 마음**

♥ 지금 우리 **아이의 마음 상태**는? 어떤 부분을 신경 써 줘야 할까?

♥ 오늘 새롭게 발견한 **나의 모습**

♥ 오늘 새롭게 발견한 **나의 마음**

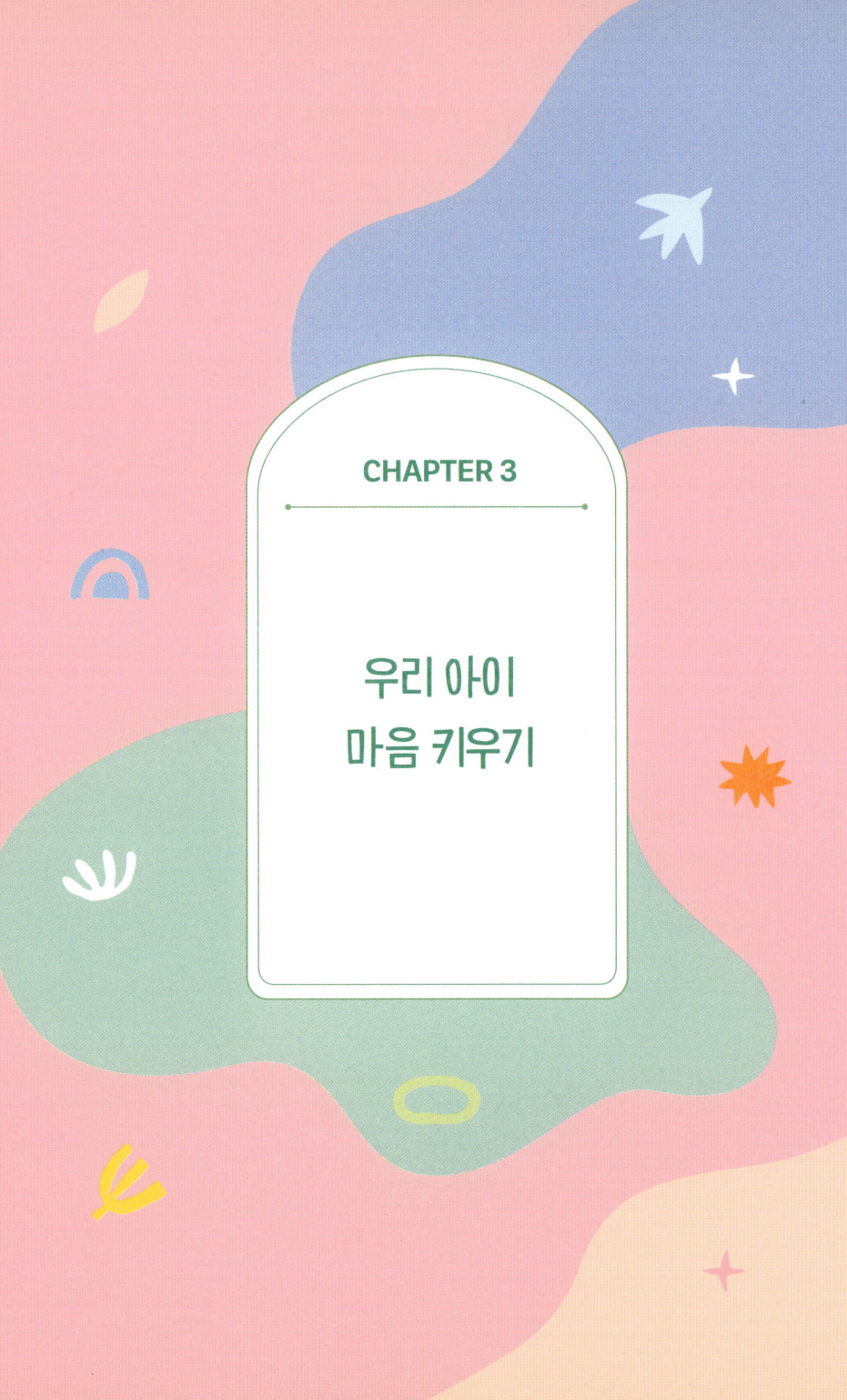

CHAPTER 3

우리 아이
마음 키우기

컬러링 활동할 때, 주의할 점

미술치료에서 많이 활용하는 도구 중 하나가 컬러링입니다. 컬러링은 색을 칠하면서 나를 인식하고 치유하는 것을 말하는데요, 3부에서는 컬러링을 통해 아이들이 스스로 감정을 조절하고 자신을 인식하고 자존감을 높일 수 있도록 내용을 구성해 보았습니다. 우리 아이에게 지금 필요한 것이 무엇인지 잘 살펴보고 관련 활동을 꾸준히 해 나가다 보면 조금씩 달라지는 모습을 발견할 수 있을 것입니다.

그런데 아이와 컬러링 활동을 할 때 주의해야 할 부분들이 있습니다. 효과적인 활동을 위해 꼭 필요한 내용이니 잘 기억해 주세요.

❶ 아이가 활동하는 모습을 지켜보다 보면 참견하고 싶은 마음이 들 때도 있을 거예요. 하지만 그런 마음을 내려놓고, 오롯이 아이가 마음껏 색칠하게 해 주세요. 부모가 색깔을 권하지 말고 아이가 선택하고 칠하도록 해 주세요.

❷ 아이의 그림을 보면서 함께 이야기를 나눌 때, 의도를 뺀 질문을 해 주세요. "이거 엄마야?"라는 질문보다는 "정말 잘 칠했다. 이거 누구야?"라고 물어봐 주세요. 아이의 대답을 의도하는 질문보다는 "제일 마음에 드는 부분이 뭐야?", "여기는 왜 이 색으로 색칠했어?"와 같은 질문이 좋습니다.

자존감
너는 사랑받기에 충분해

이 그림의 주인공은 역기를 든 아이 옆에 서 있는 아이입니다. 그럼, 역기를 들고 있는 아이는 누굴까요? 옆에 몽둥이를 들고 있는 사람은 또 누굴까요?

저는 이 아이를 담당 유치원 원장님의 의뢰로 만나게 되었는데요, 역기를 든 아이는 이 아이의 동생이고, 몽둥이를 들고 있는 사람은 바로 엄마였습니다. 한부모 가정이었고, 그 때문에 엄마가 더 엄격하게 아이를 대했던 것 같아요. 동생이 상대적으로 언니보다 뛰어나서 많이 비교를 당했고, 엄마는 엄하게 야단을 치고 체벌을 하곤 했습니다. 삼손처럼 힘이 세지고 싶은 바람에 자신의 머리를 저렇게 길게 그렸더라고요.

아이 자신은 빨간 머리에 빨간색과 분홍색 옷을 입고 옆에는 예쁜 꽃도 그려 넣은 걸 볼 수 있는데요, 그만큼 아이는 여성스럽고 내향적인 반면 동생은 활달하고 모든 면에서 뛰어나서 많이 비교를 당한 것 같았습니다. 자신이 좋아하는 것과 되고 싶은 모습에서 혼란을 겪는 아이의 모습이 느껴지시나요?

자신이 사랑받을 만한 가치가 있는 소중한 존재이고 어떤 성과를 이루어 낼 만한 유능한 사람이라고 믿는 마음을 '자아존중감', '자존감'이라고 합니다(김범수. '아이의 사생활'·'아이의 자존감' Archived 2011. 11. 8 - 웨이백 머신. 한국일보. 2011.8.6). 내가 누군지를 인식하는 순간부터 자존감 형성이 시작되는데, 아이가 나를 인식하는 건 돌 무렵이라고 해요. 바로 이때부터 자존감의 기틀이 세워지는 것이지요. 그 시기에 아이에게 가장 큰 영향을 주는 사람은 누구일까요? 네, 맞습니다. 결국, 아이의 자존감 형성에 가장 큰 영향을 끼치는 사람은 양육자, 바로 부모라고 할 수 있습니다.

자존감이 중요한 이유는 이것이 아이의 가치관과 삶의 태도, 그리고 심리 상태에 큰 영향을 미칠 수 있기 때문입니다. 청소년 학생들을 대상으로 실시한 한 연구에서 학생들의 우울에 영향을 미치는 변인 중 가장 큰 영향을 주는 요소가 자아존중감이었다는 결과도 있습니다(청소년의 부모 애착, 자아분화, 자아존중감이 우울에 미치는 영향. 김갑숙, 전영숙, 이철우 - 한국가족치료학회지, 2009).

그렇다면 어떻게 아이의 자존감을 높여 줄 수 있을까요? 아이는 부모와의 상호 작용 속에서 자기효능감을 익힙니다. 자기효능감은 스스로의 능력으로 문제를 잘 해결할 수 있다고 믿는 마음인데, 부모가 자신을 바라보는 시선, 그리고 자신의 행동과 말을 대하는 태도와 말에서 아이는 스스로 자신을 대하는 법을 알아 갑니다. 결국, 아이를 따뜻한 시선으로 바라봐 주는 것, 아이가 도움을 요청할 때 바로 반응하는 것, 아이에게 말할 때 눈을 맞추고 아이의 말에 귀 기울여 주는 것. 어떻게 보면 별것 아닌 사소한 것들이지만, 이런 것들이 쌓이고 쌓여 튼튼한 자존감을 형성하는 것이지요.

아이가 부를 때 "잠깐만, 엄마 이것만 하고!"라고 말하기보다 "왜?" 하고 돌아보며 아이와 눈을 맞추고 물어봐 준다면 아이는 자신이 엄마에게 다른 어떤 급한 일보다 소중한 존재라는 것을 온몸으로 느끼게 됩니다.

아이의 자존감을 높여 주는 데 중요한 또 한 가지는 바로 성취감입니다. 예전에 초등학교 6학년 학생을 상담한 적이 있는데요, 고학년임에도 불구하고 그림에 표현력도 약하고 그림체가 유아기에 멈춰 있었습니다. 엄마가 과정보다 결과를 중요시하고 동생이 비교적 똑똑해서 비교당해 왔던 아이였어요. 굉장히 소심해서 발표도 거의 안 하고, 자신을 그릴 때는 항상 얼굴의 반쪽을 머리카락으로 가리게 그리곤 했지요. 어느 날 엄마가 온 줄도 모르고 베란다에서 책에 빠져 있는 모습을 보고 엄마가 아무래도 이상하다고 여겨 상담을 받게 됐는데요, 상담을 통해 책이 일종의 도피처였다는 걸 알게 되었지요. 사실 이 아이는 피아노를 배우고 싶어 했는데, 엄마는 소심한 성격을 바꾼다고 태권도를 보냈다고 해요. 상담하면서 책보다는 대화를 많이 할 수 있게 해 주고, 피아노를 배울 수 있게 해 주었습니다. 그러면서 아이가 밝아지고, 말수도 많아지고 그림에도 힘이 생겼습니다. 성취감과 자존감은 연결 고리입니다. 아이의 성향을 적절히 캐치해서 성취감을 키울 수 있게 도와주는 것이 자존감 향상에 도움이 됩니다.

활동

우리 아이 자존감은 어느 정도일까?

우리 아이의 자존감은 높은 편일까요? 사람 형상의 컬러링을 통해 아이가 스스로를 어떻게 느끼는지 알아볼 수 있습니다.

사람 형상 컬러링을 제시했을 때, 이 형상이 '나'라고 대답하는 사람이 80%, 타인이라고 하는 사람이 20% 정도였습니다. 이 20%에는 자신이 미워하는 사람 또는 자신에게 가장 영향을 많이 주는 사람이 주를 이뤘는데요, 아이의 경우 엄마를 떠올리는 경향이 있었습니다. 결국, 이 컬러링 활동으로 아이가 가장 마음에 두고 있는 존재, 가장 마음에 담고 있는 스스로의 모습을 확인해 볼 수 있는데요, 대체로 채색의 톤이 밝고 다채로울수록 긍정적, 어두울수록 부정적으로 인식한다고 볼 수 있습니다. 색깔도 중요하지만, 어떤 표정과 제스처를 취하는지도 중요하지요. 아래의 컬러링들을 한번 볼까요?

왼쪽의 경우, 색깔이 굉장히 다채롭지요? 종이를 꽉 채워 채색을 했고, 표정도 편안해 보입니다. 그런데 뭔가 특이한 점이 있다면 짙은 파란색으로 사방을 꽉 채워 색칠한 것입니다. 마치 보호막처럼 말이지요. 이런 아이의 경우, 다소 소극적이고 사회성이 낮을 확률이 높습니다. 자신을 긍정적으로 인식하고 있지만 닫힌 느낌에서 안정감을 느끼는 것을 볼 수 있지요.

그럼, 오른쪽 컬러링을 한번 볼까요? 밝은색을 사용하긴 했지만, 자신을 뒷모습으로 표현했습니다. 그리고 자신의 주변은 전혀 색칠하지 않았지요. 이런 경우는 자존감이 떨어져 있을 확률이 높습니다.

그리고 어떤 아이들은 장식을 그려 넣기도 하는데요, 자신이 불편하거나 약한 부분, 또는 감추고 싶은 부분일 수도 있고, 드러내고 싶고 좋아하는 부분일 수도 있습니다. 한 예로, 유방암 환자들에게 이 컬러링 활동을 제시했을 때 대부분이 가슴 쪽에 장식을 그려 넣는 것을 볼 수 있었습니다.

자, 그러면 어떻게 아이의 자존감을 키워 줄 수 있을까요? 우선 사람 형상의 컬러링에 아이가 마음껏 색칠하게 해 주세요. 그리고 왜 이런 색을 칠하게 되었는지 이야기를 나누며 아이의 말에 귀를 기울여 주세요. 2~3일 후 다시 한번 더 똑같은 컬러링으로 함께 활동해 보세요. 이번에는 아이와 부모가 함께 색을 칠해 보는 거예요. 먼저 아이가 한 가지 색을 골라서 색칠하고, 그것을 둘러싼 한 겹을 부모가 색칠하며 대화를 나누어 보는 겁니다. 되도록 아이가 고른 색과 대비되는 색으로 색칠해 보세요. 그리고 이렇게 이야기해 보세요.

"○○이는 왜 이 색을 골랐어?"

"엄마는 ○○이가 ○○해서 너무 좋아. 그래서 이 색이 생각났어."

"엄마는 이 색을 좋아해. 그래서 ○○이가 엄마 배 속에 있을 때, ○○이를 생각하면서 이 색깔로 엄마가 직접 인형을 만들었거든. 기억나지?"

아이와의 즐거운 추억을 떠올릴 수 있는 색을 골라 즐겁게 이야기해 보세요. 엄마의 관심과 애정이 늘 아이를 향하고 있음을 아이가 느낄 수 있도록 말이지요. 이런 활동을 세 번 정도 반복해서 해 보세요. 아이가 자신을 긍정적으로 인식할 수 있도록 자신은 존재 자체만으로도 사랑받아 마땅한 존재라는 것을 다채로운 색을 통해 눈으로 한 번, 엄마와의 대화를 통해 귀로 또 한 번 주지시켜 주세요.

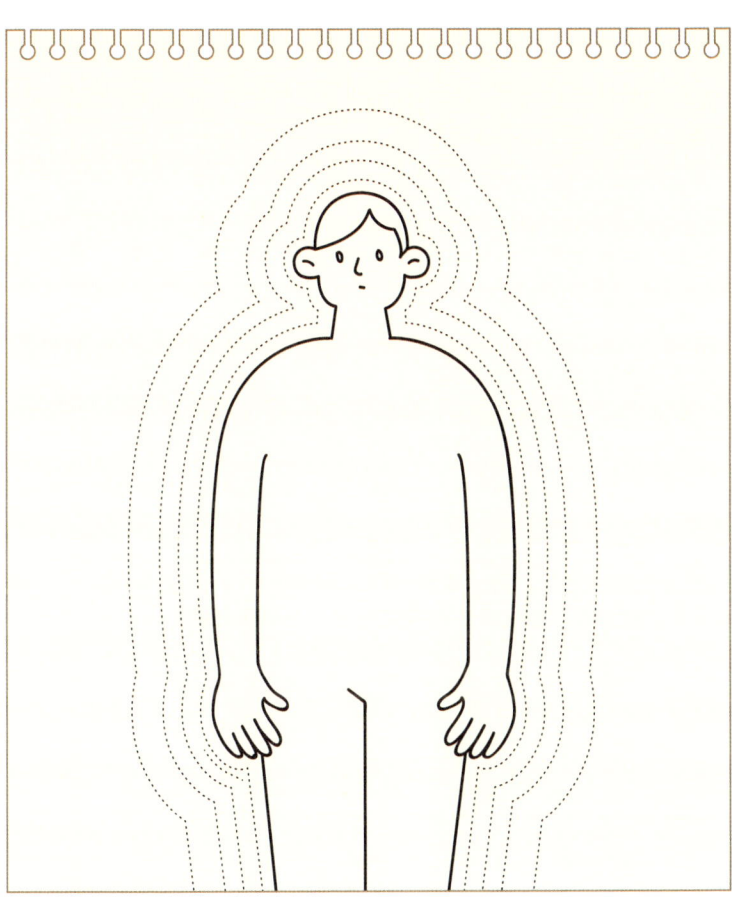

☞ 189쪽에 별도의 활동 자료가 있습니다.

우리 아이 마음 일기

♥ 오늘 새롭게 발견한 **아이의 모습**

♥ 오늘 새롭게 발견한 **아이의 마음**

♥ 지금 우리 **아이의 마음 상태**는? 어떤 부분을 신경 써 줘야 할까?

♥ 오늘 새롭게 발견한 **나의 모습**

♥ 오늘 새롭게 발견한 **나의 마음**

불안감
걱정 마.
너는 안전해

깊이 잠들지 못하고 늘 엄마를 찾는 아이, 조금만 외부 환경이 변해도 힘들어하고 불안해하는 아이…. 아이의 불안은 어디서 시작되는 걸까요?

예전에 한 아이와 엄마가 상담소를 찾아왔습니다. 아이의 불안감 때문이었는데, 겉으로 보기에는 부족함이 없는 가정 환경이었지요. 그런데 그림을 통해 상담하며 이 아이의 불안이 부모에게서부터 시작되었음을 알 수 있었습니다. 아이의 그림에서 엄마와 아빠는 늘 싸우고 있었고, 심지어 손에 칼을 들고 있기도 했습니다. 사실 이 가정은 부부 불화가 있었고, 아이 앞에서 자주 다투는 모습을 보였던 겁니다.

이 그림은 어떤가요? 엄마와 아빠 사이가 멀고 아빠는 표정도 잘 보이지 않지요. 그림에서 한눈에 긴장감을 느낄 수 있습니다. 이렇듯, 부모의 불화나 이혼, 동생이 생겼을 때 아이들이 큰 불안감을 느끼는 걸 볼 수 있었는데요, 이혼 가정의 경우 이혼이 그림자처럼 남지 않도록 아이와는 별개임을 알게 해 주는 것이 중요합니다. 자신이 버려질 것이라는 두려움이나, 망가졌다는 생각을 갖지 않도록 잘 설명해 주는 것이 필요하지요. 실제로 부모님의 이혼으로 불안감을 호소하는 아이를 상담할 때, 엄마 혹은 아빠와 닮지 않은 부분을 찾아보는 활동을 통해 부모와 나를 분리해서 생각할 수 있게 유도하기도 합니다.

꼭 특별한 사건이 없더라도 기질 자체가 예민해서 작은 환경의 변화에도 불안감을 호소하는 아이들도 있습니다. 이런 경우에는 안정감을 줄 수 있는 활동을 하면서 계속해서 아이의 불안감을 관리해 주는 것이 좋습니다. 우리는 보통 엄마의 자궁 속처럼 포근하게 감싸인 모습에서 안정감을 느낍니다. 아이에게 안정감을 줄 수 있는 컬러링을 통해 아이 마음에 부족한 애정은 채우고 불안감은 비우는 활동을 해 보세요.

 ## 불안해하지 마. 너는 안전하단다

아이와 함께 컬러링에 색칠하면서 어떤 느낌이 드는지 이야기를 나눠 보세요. 색칠을 다 한 다음에는 하트나 아이의 이름 스티커를 붙여 보세요.

☞ 191쪽에 별도의 활동 자료가 있습니다.

"이 주머니 안에 뭐가 있으면 좋겠어?"라고 물어보세요. 아이가 갖고 싶은 선물이 될 수도, 먹고 싶은 음식이 될 수도 있겠지요. 그러고는 주머니 속을 아이가 좋아하는 색으로 가득 채워 보세요. 스티커를 붙여도 좋아요. 빈틈 없이 채워진 주머니 모습을 보며 아이가 안정감을 느낄 수 있습니다.

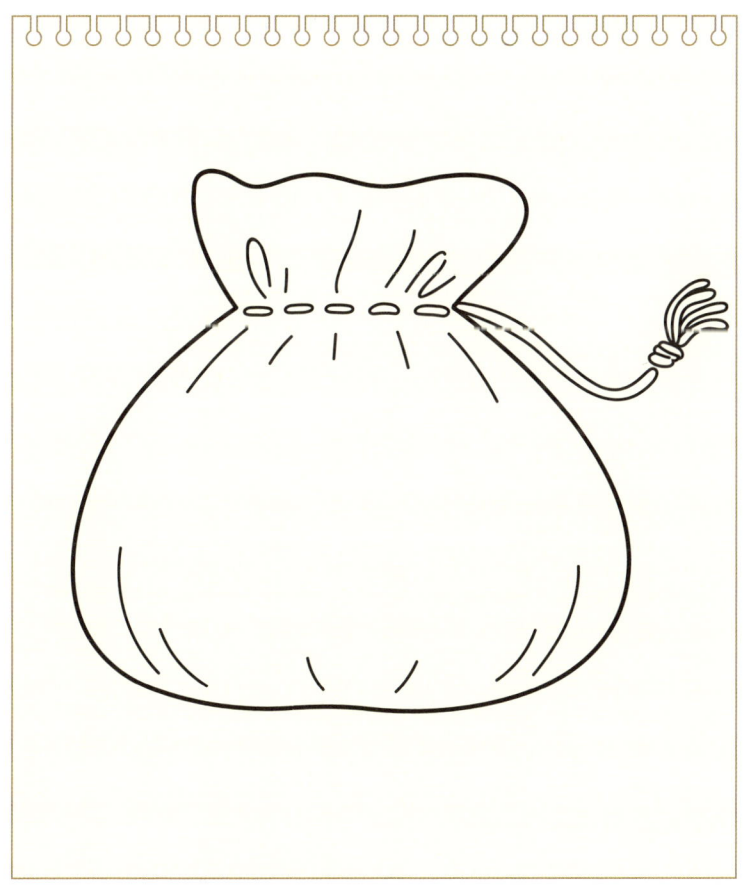

👉 193쪽에 별도의 활동 자료가 있습니다.

불안감 걱정 마. 너는 안전해

우리 아이 마음 일기

♥ 오늘 새롭게 발견한 **아이의 모습**

♥ 오늘 새롭게 발견한 **아이의 마음**

♥ 지금 우리 **아이의 마음 상태**는? 어떤 부분을 신경 써 줘야 할까?

♥ 오늘 새롭게 발견한 **나의 모습**

♥ 오늘 새롭게 발견한 **나의 마음**

집중력
너와 내가
눈을 맞출 때

"선생님, 우리 애가 ADHD일까요?"

이렇게 물어 오는 엄마들의 이야기를 들어 보면 대부분 아이를 '통제가 안 된다'고 표현합니다. 사실 우리가 아이를 키우는 데 '통제'는 참 중요한 부분입니다. 차가 많이 다니는 건널목에서 아이가 보호자의 통제를 무시하고 달려 나간다면? 뜨거운 음식이 왔다 갔다 하는 식당에서 아이가 마구 뛰어다닌다면? 상상만 해도 간담이 서늘해지지요.

그런데 통제는 결국 '집중력'과 연결됩니다. 아이의 등이나 옆모습을 보며 아이를 향해 "○○야, 그렇게 하면 안 되지!"라고 하기보다, 잠시 아이를 멈춰 세우고 눈을 맞춰 보세요. '아이 컨텍'은 짧은 시간에 아이에게 주위를 환기시켜 주고 엄마의 말에 집중하도록 도와줍니다.

활동 1 엄마의 눈을 그려 보자

아이와 함께 엄마의 얼굴을 완성해 보세요. 특히 눈을 그리면서 "엄마는 무엇을 보고 있을까?", "엄마는 어떤 표정일까?" 하며 엄마를 똑바로 바라볼 때 느끼는 감정에 대해 대화를 나눠 보세요. 그림을 그리며 엄마에게 집중하는 연습을 통해 집중력을 길러 줄 수 있습니다.

👉 195쪽에 별도의 활동 자료가 있습니다.

활동 2 — 만다라를 통해 집중력을 높여 보자

아이의 집중력을 높이는 데 도움을 줄 수 있는 미술 활동 중 하나가 바로 '만다라'입니다. 만다라는 고대 인도어인 산스크리트어로 '원'과 '중심'을 의미하는 말입니다. 티베트 수도자들은 모래를 이용해 그리는데, 작은 모래알로 내면을 표현하면서 끊임없이 성찰하고 마음 수련을 한다고 합니다. 이것이 이후 스위스 심리학자 칼 융에 의해 심리 치료 방법으로 사용되면서 널리 알려진 것이지요. 칼 융은 자신의 환자들에게 이 만다라 활동을 하게 했는데, 원이라는 가장 단순한 형태에서 출발해 기하학적 무늬를 확장해 나가는 행위가 집중력을 기르고 평정심을 유지하는 데 도움이 된다고 합니다.

그러면, 이 만다라 그리기 활동은 어떻게 하면 좋을까요?

색연필을 준비해서 떠오르는 색을 고르게 하고, 원을 그리도록 해 보세요. 하나의 원을 그리게 하고, 계속 그 선을 따라 원을 그려 보는 겁니다. 아이가 집중하지 못할 때는 엄마가 아이의 손을 잡고 같이 그려 줄 수 있어요. 이렇게 원 그리기를 아이가 할 수 있는 시간만큼 끊지 않고 반복합니다. 처음에는 20초, 1분 정도로 짧게 유지할 수 있지만, 여러 번 반복하다 보면 점차 집중하는 시간이 늘어나게 됩니다. 아이에게 오래하도록 강요하지 말고, "엄마도 옆에서 해 볼게. 우리 누가 더 오래 그리나 해 보자."라는 식으로 놀이를 하듯 해 보세요.

   그런 다음 원 안에 색칠을 하거나 떠오르는 다른 모양을 그릴 수도 있고, 단어를 쓸 수도 있습니다. 그것을 가지고 이야기를 나눠 보세요. 밤에 아이가 먹고 싶은 것이 떠오를 수도 있고, 친구나 좋아하는 캐릭터가 생각날 수도 있습니다. 이때 아이의 생각이 엉뚱하다고 핀잔을 주면 안 됩니다. 아이가 그 생각에 잠시라도 집중했다는 사실이 중요하기에 칭찬만 듬뿍 해 주세요.

우리 아이 마음 일기

♥ 오늘 새롭게 발견한 **아이의 모습**

♥ 오늘 새롭게 발견한 **아이의 마음**

♥ 지금 우리 **아이의 마음 상태**는? 어떤 부분을 신경 써 줘야 할까?

♥ 오늘 새롭게 발견한 **나의 모습**

♥ 오늘 새롭게 발견한 **나의 마음**

분노 조절
화가 날 때 어떻게 하면 풀릴까?

　　　　　오른쪽 페이지의 작품은 6살 아이가 만든 것입니다. '강아지를 만들었어요'라는 제목의 작품인데요, 어떤 감정이 느껴지시나요? 제가 놀랐던 부분은 만들기 안쪽에 있었습니다. 만들기를 가져온 아이가 "선생님, 열어 보세요."라며 속마음의 힌트를 주었지요.

　잔뜩 화가 난 강아지의 표정, 그리고 마치 비밀을 감춘 듯한 색종이를 열어 보니 '어린이가 잘못했을 때 어떻게 대처할까'라는 글이 써 있었습니다. 그리고 아래에는 '혼낸다'라는 답을 쓰고는 마구 휘갈겨 지운 흔적이 있었지요.

　이 아이는 주변에서 소위 영재라고 불리는 굉장히 똑똑한 아이였어요. 여섯 살 아이가 '대처'라는 표현을 쓴 걸 보면 정말 어휘력이 남다

르지요. 그런데 어느 날 유치원에서 연필로 친구를 공격해 다치게 한 겁니다. 그 일로 인해 저에게 상담 요청이 온 경우였는데요, 상담을 하면서 아이의 마음속 깊은 곳에서 발견한 감정은 바로 '분노'였습니다.

아빠는 중국에 거주 중이었고, 엄마는 직장 생활로 바빠서 아이는 외할아버지, 외할머니에게 맡겨져 생활하고 있었습니다. 그런데 아이

가 말을 안 들을 때마다 할머니가 신발로 아이의 등짝을 때렸던 겁니다. 아주 어릴 때부터 할머니의 폭력적인 훈육으로 아이의 마음에 분노가 자라고 있었던 것이지요. 그 분노가 다시 폭력으로 표출되어 친구를 다치게 한 것이었습니다.

아이가 잘못을 했을 때, 왜 잘못된 것인지 설명하는 것이 중요합니다. 그러지 않고 소리를 지르거나 상처가 되는 말을 하거나 폭력으로 훈육을 한다면 아이의 마음에는 두려움과 함께 억울함과 분노가 자라게 됩니다. 특히 평소 모범적이고 규범을 잘 지키는 아이의 경우 더욱 그렇지요. 정말 착하고 모범적이고 순종적인 아이인데 갑자기 타인에게 폭력적인 성향을 보인다거나 해서 상담을 오는 경우가 많은데, 이런 경우가 정말 많습니다.

이 그림을 한번 보세요. 남자아이가 여자아이를 때리고 있지요. 그

런데 눈에 띄는 것이 바로 시계입니다. 그림 또한 정확히 시계를 중심으로 대칭을 이루고 있지요. 이 그림을 그린 아이는 정말 모범적인 아이였습니다. 특히 시간을 정확히 잘 지키는 아이였지요. 그런데 부모님이 안 볼 때 동생을 때려 왔던 거예요. 그동안 완전 범죄였는데 미술 치료를 하면서 드러나게 된 것이지요. 알고 보니 아이의 부모님이 완벽주의 성향이 강했고, 그에 따라 아이가 다소 억압과 통제 아래 자라게 되면서 억눌렸던 감정들이 자신보다 약한 동생에게 폭력적으로 표출된 것이었지요.

이 그림은 어떻게 보이나요? 이 그림은 분노 조절 장애로 어려움을 겪는 아이의 그림입니다. 빨간 덩어리들이 보이시나요? 그림을 보면 발을 잘 그리지 않았다는 걸 알 수 있는데요, 이 아이의 경우 화가 날 때 발로 차는 폭력적인 표출을 많이 하곤 했습니다. 사실 이것은 아빠

의 영향 때문이었는데, 아빠가 툭하면 발길질을 했다고 해요. 앞서도 이야기했지만, 부모에게 폭력을 당하면 아이는 공격을 못하기 때문에 마음에 분노가 내재되고 축적됩니다. 이런 분노가 쌓이고 쌓여 상대적으로 자신보다 약하다고 여겨지는 엄마나 동생에게 폭력을 행사하는 식으로 분노를 풀어내는 것이지요.

아이에게 자신이 느끼는 감정이 어떤 것이고, 그것을 어떻게 다루면 좋을지 부모는 반드시 가르쳐 주어야 합니다. 보통은 부모를 보며 아이는 그것을 습득하지요. 아이에게 폭력적인 성향이나 분노 조절 장애 성향이 보인다면, 가장 먼저 부모인 내가 분노를 어떻게 다루는지부터 체크해 보는 게 좋습니다. 그리고 분노를 나쁜 감정으로 취급하고 억누르기보다 대화나 운동, 또는 글이나 그림 등 다른 방법으로 표출할 수 있도록 도와주어야 합니다.

만약 앞선 사례처럼 아이 안에 분노가 많이 내재되어 있다고 느낀다면, 먼저 아이의 분노의 원인을 찾아야 합니다. 그런 다음, 분노의 원인과 화해하는 것이 중요합니다. 첫 번째 사례였던 할머니로부터 분노가 쌓였던 아이의 경우, 할머니와의 미술 활동을 통해 서로의 속마음을 이야기해 보기도 하고 그림으로 표현해 보기도 하면서 천천히 화해할 수 있도록 도와주었습니다. 부모 몰래 여동생을 때리는 아이의 경우, 부모의 통제를 벗어나 분노를 표출할 수 있게 물감을 뿌리거나 풀어놓고 헝클어뜨리는 활동을 많이 했고, 엄마 아빠 컬러링을 물감으로 마구 칠해 보거나 틀을 벗어나 칠해 보는 등 자유로운 활동을 통해 분노를 표출하도록 도왔습니다. 그리고 폭력은 잘못된 행동이라는 것을 반복해서 주지시켜 주었지요.

같은 폭력 성향을 보여도 그 원인이나 아이의 기질에 따라 치료가 달라질 수 있는데요, 마지막 아이의 경우, 오히려 틀을 제시해 주고 그 안에 채색을 하도록 하는 등 공격적인 성향을 줄일 수 있는 경직되고 차분한 활동을 제시해 주었습니다. 대신 그런 활동 안에서 색종이 찢기 등 감정을 표출할 수 있는 활동을 함께 진행했지요. 가장 좋은 것은 아이에게 영향을 주었던 아빠의 변화와 진심 어린 사과이겠지만, 현실적으로 쉽지 않은 부분이 많아 한계가 있었던 사례로 기억합니다.

아이가 폭력적인 성향을 보이거나 갑자기 과잉 감정을 표출할 때(분에 못 이겨 소리를 지르거나 울 때)가 있을 수 있습니다. 그런 상황을 만났을 때 엄마는 당황한 나머지 부정적인 반응을 보이기가 쉽지요. 하지만 그럴 때 한 발 뒤로 물러나 아이의 감정에 집중해 보세요. 오히려 차분하게 아이를 바라보며 잠시 침묵하며 시간을 주는 것이 필요합니다. 그리고 아이와 함께 원인을 찾으며 대화해 보세요. 사과해야 할 부분은 사과하고, 단호하게 주의를 주어야 할 때는 주의를 주고, 어떻게 이 부정적인 감정을 풀면 좋을지 고민하는 이 모든 것이 정말 쉽지 않은 게 사실입니다. 하지만 이 너무나도 어려운 일을 해야 하고, 할 수 있는 것이 바로 우리 부모라는 것을 부디 기억해 주시면 좋겠습니다.

활동 1 우리 아이는 무엇에 화가 났을까?

망치 그림 컬러링으로 아이가 깨 버리고 싶은 것을 직접 그려 보게 하세요. 그리고 왜 그런 그림을 그렸는지 이야기를 나눠 보세요. 아이가 요즘 받는 스트레스의 원인이나 분노의 원인을 찾아보는 데 도움이 될 거예요.

☞ 197쪽에 별도의 활동 자료가 있습니다.

활동 2 감정을 발산하도록 도와주자

폭발하는 화산 컬러링에 물감과 붓 또는 스포이드를 준비해서 마음껏 물감을 뿌려 보게 하세요. 마치 화산이 폭발하는 것처럼 물감을 뿌리고 손으로 물감을 문지르면서 감정을 발산하도록 도와주세요.

☞ 199쪽에 별도의 활동 자료가 있습니다.

 **활동 3** 억눌렸던 감정을 풀어 주자

바깥으로 빛이 뻗어 나가는 것 같죠? 외부로 뻗어 나가는 느낌으로 선을 그어 보고 밝고 강렬한 색으로 마음껏 색칠해 보도록 해 주세요. 억눌렸던 감정이 점점 풀어지고 즐거움이 차오를 거예요.

☞ 201쪽에 별도의 활동 자료가 있습니다.

우리 아이 마음 일기

♥ 오늘 새롭게 발견한 **아이의 모습**

♥ 오늘 새롭게 발견한 **아이의 마음**

♥ 지금 우리 **아이의 마음 상태**는? 어떤 부분을 신경 써 줘야 할까?

♥ 오늘 새롭게 발견한 **나의 모습**

♥ 오늘 새롭게 발견한 **나의 마음**

절제력
스마트폰이 없으면 불안해

요즘 엄마들이 아이들에게 가장 길러 주고 싶은 것을 꼽으라고 하면 아마 '절제력'이 아닐까 싶습니다. 스마트폰, 태블릿 PC 등 전자 기기를 처음 접하는 연령은 점점 낮아지고 접근율은 점점 높아지고 있지요. 무조건 미디어를 차단하는 것은 아이의 절제력을 기르는 데 좋은 방법이 아닙니다.

오른쪽 페이지의 그림은 스마트폰에 집착하던 아이의 그림 중 하나인데요, 이 아이는 수많은 그림 틀 중에서 늘 스마트폰 그림을 선택하고, 자신의 그림에도 꼭 스마트폰을 그리곤 했지요. 그것을 무조건 비난하거나 못하게 하면 오히려 아이는 반감을 느낍니다. 자신의 최대 관심사거든요. 이런 경우, 저는 마음껏 그리고 그것에 대해 마음껏 이야기하게 해 줍니다. 그리고 그림을 보며 아이에게 물어봅니다.

"여기 폰 화면에 쓴 너의 꿈은 뭐야?"

"폰 실컷 하는 거요."

이렇게 전혀 바라지 않았던 대답이 나오기도 하지요. 하지만 거기서 차단하지 않고 계속 대화를 해 보는 겁니다.

"왜?", "폰으로 뭘 해?", "무슨 게임 하는 게 좋아?", "그건 어떻게 하는 건데?"

그런데 그렇게 이야기를 나누다 보면 아이가 스스로 깨달아 가는 경우가 많습니다.

저는 오히려 아이에게 스마트폰을 주고, 거기서 네가 10년 후에 되고 싶은 모습을 찾아보라고 합니다. 아이가 찾아서 보여 주면 그렇게 되려면 어떻게 해야 하는지 같이 계획을 세워 봅니다. 가령, 아이가 잘 먹고 잘 놀고 맨날 스마트폰 하는 사람의 모습을 보여 준다면, '이렇게 살기 위해 필요한 생활비는 어떻게 벌면 좋을까?'부터 시작해서 아이가 원하는 대로 계획을 세워 보는 겁니다. 처음에는 삐딱하게 반항적으로 답하던 아이도 진심으로 들어 주는 제 모습에 점차 진짜 마음을 보여 줍니다. 스마트폰을 절제해야 한다는 건 누구보다 아이가 더 잘 알고 있거든요. 스스로 답을 찾을 수 있게 도와주는 것이 중요합니다.

그리고 되도록 유아기에 미디어를 최대한 늦게 접하도록 하고, 접하더라도 습관을 만들어 주는 것이 필요합니다. 아이 스스로 절제하는 연습이 쌓여야 하지요. 여기서 중요한 것은 규칙이 너무 강압적이어서는 안 되고 가족 다 동참해야 한다는 겁니다. 과거에 부모로부터 간식을 억압당하던 아이가 학교에 가고 자율성이 생기니까 오히려 억압에 대한 반발로 간식만 주구장창 사 먹어 오히려 성인 비만이 되는 것을 본 적이 있습니다. 규칙을 만들어 '통제'한다기보다는 '연습'한다는 자세로 천천히 시간이나 규칙의 강도를 조정해 가는 것이 좋습니다. 그리고 빠르게 고자극을 받는 미디어 대신 보드게임이나 만들기와 같은 미술 활동 등을 통해 미디어 사용 시간을 줄여 가는 것이 좋습니다.

활동 1   그림 손 잠금장치

요즘은 태블릿 PC나 스마트폰에 사용 시간을 제한할 수 있는 애플리케이션이 있어 부모들이 많이 사용합니다. 이렇게 어쩔 수 없이 스마트폰을 내려놓는 것도 좋지만, 이러한 통제에도 부당함이나 스트레스를 느끼는 아이들이 있습니다. 가능하다면 좀 더 자율적으로, 자유로운 환경에서 아이가 스스로 통제할 수 있도록 연습해 보세요.

❶ 종이에 아이가 스스로 손을 대고 따라 그립니다.
❷ 그렇게 만들어진 자신만의 손 컬러링을 자유롭게 색칠하고 꾸미도록 해 주세요.

❸ 종이 상단에 스마트폰 사용 시간을 쓰고, 그 이외의 시간에는 이 손 그림 위에 스마트폰을 올려 두기로 약속하세요.
❹ 종이를 맞는 크기의 지퍼백 안에 넣고 아이의 방문이나 냉장고, 거실 벽 등 원하는 장소에 고정해 둡니다. 평소에는 그 안에 스마트폰을 넣어 두고, 정해진 시간에 꺼내서 사용할 수 있도록 자율적인 보관 장소를 만드는 것이지요.

❺ 사용 시간 약속을 잘 지킬 때마다 지퍼백 위에 아이가 좋아하는 캐릭터나 색깔 스티커를 붙여 주고, 시간 약속을 어길 때마다 아이가 싫어하는 표정이나 색깔 스티커를 붙여 주세요. 이때 가장 좋은 것은 부모도 그림 손 잠금장치를 만들어 함께 참여하는 겁니다. 부모가 먼저 모범을 보이면 아이는 그만큼 반발심이 사그라들고 즐겁게 참여할 수 있습니다.

활동 2 이어 그리기 게임

스마트폰이나 미디어가 생각나지 않도록 아이와 함께 재미있는 미술 활동을 해 보세요. 머리를 쓰며 손을 움직이는 미술 활동은 아이의 집중력을 길러 주는 데도 도움이 됩니다.

방법 1

❶ 종이와 펜을 준비하세요. 먼저 가위바위보로 순서를 정합니다.

❷ 순서대로 그림을 이어 그립니다. 첫 순서가 큰 네모를 그리면, 두 번째 순서가 네모 옆에 팔을 그리는 식이지요. 이때 재미를 더하려면 그림 그리는 시간에 제한을 두어도 됩니다.

 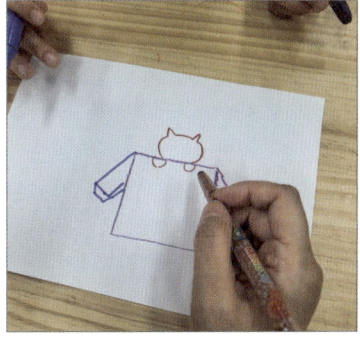

❸ 각자 자신이 왜 이렇게 그림을 이어 그렸는지 이야기를 나누며 그려 보세요.

방법 2

① 다양한 단어가 적힌 단어 카드를 준비하고 섞은 뒤 뒤집어 놓습니다.
② 가위바위보를 통해 술래 한 명을 정합니다.
③ 술래의 눈을 가리고 단어 카드 한 장을 뒤집어 단어를 확인합니다. 이때 단어를 말해서는 안 됩니다.
④ 술래를 제외한 나머지 사람들이 돌아가며 그림을 그립니다. 차례대로 한 번 또는 두 번씩 그림을 그릴 수 있으며, 자신의 순서에 딱 10초 동안만 그림을 그릴 수 있습니다. 각자 몇 번씩 그릴지는 인원수에 따라 다르게 규칙을 정하세요.

⑤ 마지막 사람이 그림을 다 그리면, 그림을 보고 술래가 단어를 맞혀 봅니다.

우리 아이 마음 일기

♥ **오늘 새롭게 발견한 아이의 모습**

♥ **오늘 새롭게 발견한 아이의 마음**

♥ **지금 우리 아이의 마음 상태는? 어떤 부분을 신경 써 줘야 할까?**

♥ **오늘 새롭게 발견한 나의 모습**

♥ **오늘 새롭게 발견한 나의 마음**

우울감
친구들도 싫고, 학교(유치원)도 가기 싫어

환경과 질병 등 여러 요인으로 야외 활동이 줄고, 친구들과의 만남이 제한되면서 소아 우울증이 늘고 있습니다. 아이들이 우울하다고 하면 그냥 피식 웃어넘기는 분들도 있지만, 어른과 마찬가지로 아이들에게도 우울증이 찾아옵니다. 하지만 성인 우울증과 다른 것이 아이들의 경우 우울증이 있어도 재미있는 것에는 반응한다는 것입니다. 그래서 소아 우울증은 알아채기가 쉽지 않습니다. 실제로 처음부터 아이의 우울증 때문에 병원이나 상담소를 찾는 부모는 적습니다. 대부분 아이의 폭력성, 등교 거부, 게임 중독, 이유 없는 복통 등 다른 증상 때문에 왔다가 우울증이라는 걸 알게 되지요. 아이들의 경우 감정적인 표현보다는 행동상의 문제로 나타나기 때문에 이 부분을 유의해서 볼 필요가 있습니다. 대표적으로는 친구들과 어울리지 않으려 한다거나 짜증이나 울음이 눈에 띄게 많아지거나 식사량이 줄거나 잠을 잘 못 자는 등의 증상이 있습니다.

우울증을 겪는 아이의 그림은 필압이 약하고 그림의 형체도 불분명한 경우가 많습니다. 이 그림은 여덟 살 남자아이의 그림인데요, 코로나로 인한 일시적인 우울증을 겪었던 아이였어요. 갑자기 자신감도 없어지고, 아무것도 하기 싫어했죠. 다행히 다시 대면 수업이 시작되고 마스크를 벗으면서 친구들과 자주 어울리고 조금씩 증상이 나아진 케이스였습니다. 물론 기질적으로 혼자 있기를 좋아하고 조용한 아이가 있기도 하지만, 아이가 갑자기 이런 모습을 보인다면 좀 더 관심 있게 지켜볼 필요가 있습니다.

아이가 우울감을 호소하거나 우울한 기미가 보일 때는 절대 혼자 내버려 두면 안 됩니다. 아이가 다소 거부하더라도 가벼운 산책이나 놀이 활동 등을 통해 꾸준히 움직이게 해 주고 주위를 환기시켜 주는 것이 중요합니다.

> **혹시 우리 아이는? 소아 우울증 체크리스트**
>
> 1) 거의 매일 또는 하루의 대부분 동안 짜증이 많고 예민한 기분이 지속되며, 슬프거나 공허한 기분, 잦은 눈물 등이 관찰된다. (소아에서는 우울한 기분 대신 과민성일 수도 있다)
> 2) 거의 모든 활동에 대한 흥미와 즐거움이 현저히 저하되어 있다.
> 3) 체중이 기대만큼 늘지 않거나 현저한 식욕 감소가 있다.
> 4) 잠을 이루지 못하는 불면증이 있거나 반대로 지나치게 잠을 많이 잔다.
> 5) 초조하고 정신적으로 지체되는 모습이 보인다.
> 6) 거의 매일 지속되는 피로 또는 에너지의 상실이 있다.
> 7) 거의 매일 지속되는 무가치감 혹은 과도하거나 부적절한 죄책감이 있다.
> 8) 거의 매일 지속되는 사고 능력 혹은 집중력의 저하, 또는 우유부단한 모습을 보인다.
> 9) 반복적인 죽음에 대한 생각, 자살사고 혹은 자살기도나 구체적인 계획을 한다.
>
> ★ 최소 2주 이상 위 항목 중 5가지 이상에 해당하는 증상이 있다면 소아 우울증을 의심해 보시고 전문의의 진료를 받아 보시는 것이 좋습니다.
>
> - 출처: [위기의 아이들] 어린애가 벌써부터? '소아우울증', 하이닥, 2015.2.4.

앞서 이야기한 것처럼 소아 우울증의 특징 중 하나가 흥미로운 것에는 반응한다는 것인데요, 이럴 때 퍼즐이나 조립, 만들기 등 아이가 좋아하는 놀이나 활동을 함께 해 주는 것이 많은 도움이 됩니다. 하지만 아이의 흥미만을 생각하고 게임이나 휴대폰을 쥐어 주는 것은 좋지 않습니다. 흥미로운 활동은 아이의 불편한 감정을 잊게 해 주지만 그것이 중독성 높은 미디어인 경우에는 자신의 감정에서 도피하고자 깊은 중독에 빠질 수 있거든요.

손을 많이 움직이는 것이 우울증을 예방하는 데 도움이 됩니다. 또 밝은색 옷을 입히거나 환경을 자주 바꿔 주는 것도 도움이 됩니다. 특히 노랑이나 주황은 식욕을 돋우는 색으로 의욕이 생기게 하고 창의적이고 모험적인 사고를 하는 데 도움이 됩니다. 당장은 우울증이 아니더라도 우리 아이의 우울증 예방을 위해 아이와 함께 미술 활동을 하는 것이 도움이 될 수 있답니다.

 ## 기분을 밝게 해 주는 컬러링

정서적으로 안정을 주는 컬러링을 밝은 색깔로 색칠해 보는 것만으로도 아이의 우울감을 완화해 주고 정서적인 안정감을 줄 수 있습니다. 되도록 밝은 색깔의 색연필(또는 물감, 사인펜)을 준비해서 아이와 함께 자유롭게 색칠해 보세요. 음표 컬러링을 색칠할 때는 아이가 좋아하는 음악이나 안정감을 주는 음악을 틀고 활동해 보세요.

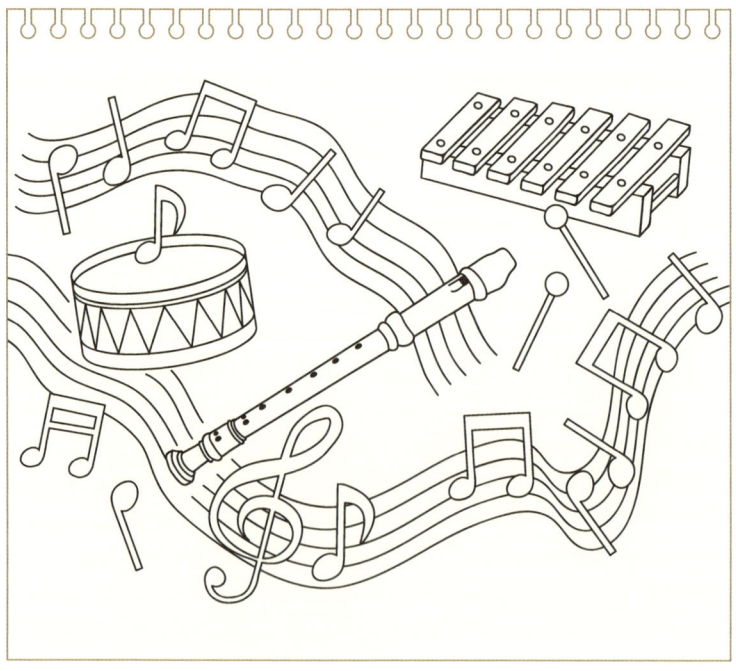

☞ 203쪽에 별도의 활동 자료가 있습니다.

활동 2 불편한 감정이 느껴진다면?

아이가 우울감을 느낄 때 좀 더 활동적인 활동을 할 수 있도록 아이 방이나 현관, 거실이나 식탁 위에 색색깔의 색종이를 올려놓아 보세요. 그리고 아이에게 불편한 감정을 느낄 땐 언제든 여기 있는 색종이를 구기고 찢고 던져도 된다고 이야기해 주세요. 또는 벽에 농구대를 붙여 주고 아래에 '감정 쓰레기통'이라고 쓴 통을 놓아 두세요. 버리고 싶은 감정을 종이에 써 구겨서 던져 버리면서 감정을 표출할 수 있습니다. 보통 우울증이 폭력적인 행동이나 짜증으로 이어지는 아이의 경우는 자신의 불편한 감정을 마음껏 발산할 수 있는 안전한 도구를 주는 것도 도움이 됩니다.

우리 아이 마음 일기

❤ 오늘 새롭게 발견한 **아이의 모습**

❤ 오늘 새롭게 발견한 **아이의 마음**

❤ 지금 우리 **아이의 마음 상태**는? 어떤 부분을 신경 써 줘야 할까?

❤ 오늘 새롭게 발견한 **나의 모습**

❤ 오늘 새롭게 발견한 **나의 마음**

사회성
나를 알고
남을 이해하기

한번은 20대 성인 남성이 미술치료 상담을 신청한 적이 있었습니다. 인상 깊었던 것은 상담하러 온 이 남성의 손이나 팔, 목 등 온몸이 문신으로 뒤덮여 있는 것이었습니다. 무슨 이유에서인지 문신에 중독되어 헤어 나올 수가 없었던 겁니다. 원인은 자기 안에 있었습니다. 자신의 감정을 인식하는 것도 서툴고, 어떻게 감정을 표출해야 하는지 몰라서 문신으로 표출하고 있었던 겁니다.

사회성을 이야기하면서 왜 이런 사례를 이야기하는지 의아하셨을 겁니다. 사회성은 결국 공감과 연결됩니다. 공감 능력을 키우려면 스스로 자신의 감정부터 수용하는 경험을 해야 합니다. 앞선 사례와 같이 자신의 감정을 어떻게 수용하고 표출해야 할지 모르는 사람들 대부분이 사회 생활에 어려움을 겪습니다. 자신의 감정을 상황이나 상식에 맞지 않는 방식으로 표출하거나 다른 사람의 감정도 왜곡되게 받아들일 확률이 높기 때문이지요. 결국 사회성의 출발은 '자기 인식'입니다.

자기 감정을 인식하고 잘 수용하려면, 먼저 부모로부터 공감받는 경험을 쌓아야 합니다. 아이가 슬퍼서 울고 있는데 "남자가 부끄럽게 울면 되겠어?"라던가 "넌 다 큰 애가 왜 울어. 저기 봐 봐. 지나가는 사람들이 너 흉본다."라고 당장 울음을 그치게 하기 위한 말을 하면 아이는 슬픔을 부정적인 감정으로 인식하고 혼란을 느낍니다. "우리 ○○가 지금 슬프구나. 왜 슬픈지 엄마한테 말해 줄 수 있어? 엄마가 도와줄게." 하고 아이를 꼭 안아 준다면 어떨까요? 이렇게 부모로부터 공감받는 경험이 많이 쌓이면 쌓일수록 아이는 스스로는 물론 타인의 마음을 잘 공감할 수 있습니다.

친구가 자전거를 타다가 넘어지면 어떻게 반응할까요? 앞에서 이야기한 감정 조절에 어려움을 겪었던 네 살 아이 기억나시나요? 엄마를 빨간색과 파란색으로 그리던 아이 말이에요. 이 아이는 자전거를 타다 넘어져 우는 친구를 보면 웃었다고 합니다. 그 친구를 싫어하거나 그 상황이 웃기지 않았는데도 말이지요. 어떤 상황에서 화를 내고 어떤 상황에서 웃어야 할지 감정의 혼란을 겪고 있었기 때문입니다.

어떤 사람은 '사회성'과 '이타심'을 혼돈합니다. 이렇게 되면 아이에게 지나친 배려와 희생을 강요하게 되지요. 저 또한 아이가 외동이다 보니 혹여나 독단적이고 남을 배려하지 않는 아이로 자랄까 하는 걱정이 앞서 아이에게 늘 배려를 강조했습니다. 아이가 초등학교 4학년 때 학부모 모임이 있어서 학교에 갔는데, 2인 1조로 정해진 주번들이 옮기는 우유갑을 딸아이 혼자 옮기고 있는 모습을 보게 되었어요. 당시 아이가 회장이었는데, 책임감 반 배려 반으로 자기 혼자 무거운 우유갑을 옮기고 있었던 겁니다. 그 모습을 보니 '아차' 싶더라고요. 사회성을 무조건적인 배려와 희생이라고 생각했던 제 생각의 오류를 깨달았지요.

 인간은 사회적 동물이라고 하지요. 많은 사람이 '사회성'을 자연스럽게 습득하는 것이라고 여기지만, 그 역시 부모 또는 형제자매와 수많은 상호 작용 끝에 얻어지는 것입니다. 지금 당장 아이의 사회성이 약하다 강하다 평가하기보다는 아이의 기질과 속도에 맞게 성장할 수 있도록 상호 작용해 주는 노력이 필요합니다.

 **활동 1** 나는 어떤 얼굴을 하고 있을까?

남을 이해하기 전에 나를 이해하는 것이 먼저라고 했지요? 아이와 함께 거울을 보며 자화상 그리기를 해 보세요. 자화상이 어렵다면 아래의 컬러링에 자신의 표정을 그리는 것만 해도 괜찮습니다. 표정 그리기가 끝나면 표정 차트를 보며 '나는 왜 이런 표정일까?', '어떤 생각을 하고 있을까?' 서로 맞춰 보고, 대화를 나눠 보세요. 자신의 감정을 읽고 표현해 보는 거예요.

☞ 205, 207쪽에 별도의 활동 자료와 표정 차트가 있습니다.

활동 2 어떤 표정을 지으면 좋을까?

아래의 얼굴들에 표정을 그려 넣어 보세요. 엄마가 상황을 이야기하고 이런 상황에서 어떤 표정을 지을지 그려 보는 거예요. "이럴 때 친구는 어떤 표정을 지을까?", "이럴 때 엄마는 어떤 표정을 지을까?" 그리고 한 걸음 더 나아가 "친구가(엄마가) 이런 표정일 때 무슨 말을 해 주면 좋을까?"라고 질문하며 타인의 감정에 반응하는 법도 배울 수 있게 해 주세요. 다양한 상황에 대해 이야기를 나누다 보면 스스로의 마음도 들여다볼 수 있게 되고, 다른 사람의 상황도 공감할 수 있게 됩니다.

길에서 반가운 친구를 만났을 때

친구가 넘어져서 다쳤을 때

엄마가 무거운 짐을 들고 있을 때

실수로 친구와 부딪혔을 때

209, 211쪽에 별도의 활동 자료가 있습니다.

우리 아이 마음 일기

♥ 오늘 새롭게 발견한 **아이의 모습**

♥ 오늘 새롭게 발견한 **아이의 마음**

♥ 지금 우리 **아이의 마음 상태**는? 어떤 부분을 신경 써 줘야 할까?

♥ 오늘 새롭게 발견한 **나의 모습**

♥ 오늘 새롭게 발견한 **나의 마음**

스트레스
마음이 너무 힘들고 복잡해

"원은 내면을 보호하고자 하는 인간의 심리적 경계이다. 원을 기본으로 하는 삼각, 사각, 십자가, 동물 등의 형태는 인간의 무의식을 반영한다." - 칼 융

앞서 집중력 파트에서 만다라를 다뤘는데요, 만다라는 집중력을 높이는 데에도 도움이 되지만, 마음의 안정감을 주고 평정심을 유지하는 데에도 큰 도움이 됩니다. 몇 년 전 《비밀의 정원》이라는 컬러링북이 큰 인기를 끌었던 것도 이 만다라 문양을 기본으로 한 드로잉과 컬러링을 통해 스트레스를 해소할 수 있기 때문이었지요.

일본에서 색채심리를 공부할 때 매일 수업 시간 전에 이 만다라 활동을 했어요. 융이 하던 방식으로 처음과 끝이 없는 원을 그리는 거예요. 연필이 없을 땐 손가락으로 그리기도 하고요. 근데 그렇게 몇 분 몰입을 하면 마음이 차분해집니다. 처음에 할 때는 팔이 아프고 그림이 점점 커집니다. 근데 나중에는 힘이 빠지고 편안해져요. 결국 손이 아닌 마음을 돌리고 있다는 생각이 들지요. 흔히 말하는 명상이나 요가처럼 몸의 감각에 집중하면 생각의 흐름이 잠시 멈추어 뇌가 휴식할 수 있게 됩니다.

저는 강의를 하면서 학생들에게 1학년 1학기에 이 만다라 활동을 해 보도록 합니다. 그리고 스케치북에 힘들 때마다 해 보고 뒤에다 느낌을 써서 내라고 하지요. 그런데 한번은 학기가 끝날 때 한 학생이 찾아왔습니다. 학생의 언니가 저를 만나고 싶어 한다는 겁니다.

어느 날 학생의 언니가 동생 방을 치우다가 스케치북을 발견하고 열어 보니 낙서만 가득하더랍니다. 만다라 드로잉이 언니 눈에는 아무 의미 없는 낙서로 보였겠지요. 집에 동생 방까지 내주고 공부를 시켰는데 고작 이렇게 낙서나 하고 다니나 하고 실망을 했답니다. 그런데 어느 날 스케치북 뒷면을 읽고 이게 만다라 드로잉이라는 걸 알게 되었다고 해요. 하루는 딸아이와 싸우고 화가 주체가 안 되어 딸이 쓰던 크레파스로 동생이 하던 것처럼 종이에 마구 원을 그리기 시작했답니다. 처음에는 신경질적이었던 원 드로잉이 점차 차분해지면서 신경 안정제를 먹은 것처럼 편안해졌다고 해요. 그래서 동생 몰래 매일 신문지에 그림을 그리게 되었고, 미술치료에 관심을 갖게 되었다는 겁니다.

　만약 어릴 때부터 만다라 드로잉을 통해 스트레스를 완화하고 마음의 평정을 찾는 연습을 할 수 있다면 얼마나 좋을까요? 아주 어린 아이들이라고 해도 스트레스에서 자유로울 수 없습니다. 동생이 태어났을 때, 처음 어린이집이나 유치원 등 기관에서 생활하며 엄마와 떨어져야 할 때 등 아주 어릴 때부터 스트레스를 받지요. 이럴 때 스트레스의 원인을 찾아 해결해 주는 것이 첫 번째라면, 두 번째는 스트레스를 해소할 수 있는 긍정적인 방법을 알려 주는 것입니다. 아이가 스트레스를 호소하며 힘들어할 때, 이 만다라 드로잉이나 컬러링을 활용해 보세요.

 ## 만다라 컬러링

시간에 제한을 두지 말고, 아이가 만다라 컬러링을 마음껏 색칠하도록 해 주세요. 선 밖으로 색이 삐져나와도 괜찮습니다. 중요한 것은 잠시라도 집중해서 그림을 그리는 것입니다.

☞ 213~223쪽에 별도의 활동 자료가 있습니다.

우리 아이 마음 일기

♥ **오늘 새롭게 발견한 아이의 모습**

♥ **오늘 새롭게 발견한 아이의 마음**

♥ **지금 우리 아이의 마음 상태는? 어떤 부분을 신경 써 줘야 할까?**

♥ **오늘 새롭게 발견한 나의 모습**

♥ **오늘 새롭게 발견한 나의 마음**

사춘기
나도 나를
잘 모르겠어

"언제쯤 편해지나요?"

영유아 자녀를 키우는 엄마들은 초중등 자녀를 둔 엄마들을 부러운 눈으로 보며 이렇게 묻곤 합니다. 그러나 안타깝게도 육아에 '편한 때'란 없는 것 같습니다. 영유아 시절에는 아이를 먹이고 입히고 생활 습관을 가르쳐 주느라 육체가 고됐다면, 그 이후부터 성인이 되어 아이가 독립할 때까지 육체는 다소 편해질지 몰라도 정신적, 감정적인 부분에서 신경 써야 할 일이 더 많아지거든요. 부모들의 영원한 숙제, '사춘기'도 피할 수 없는 큰 관문입니다.

요즘은 사춘기가 점점 빨라져서 초등 저학년부터 시작된다고들 하는데요, 이 시기를 단순히 아이가 반항하는 시기라고 이해하면 답을 찾기 어려워집니다. 영유아기에 아이들은 급속 성장을 하면서 다양한 변화와 두려움을 경험하게 되고, 그것을 울음이나 애착 행동 등 즉각적이고 본능적인 반응으로 나타냅니다. 영유아기 이후로 가장 급속한 성장이 이루어지는 시기가 바로 사춘기입니다. 부모로부터 독립하기 위한 과도기인 셈이지요. 자기 주장이 강해지고, 스스로 자신의 존재나 미래에 질문을 던지는 시기이고, 신체적 변화도 급속도로 나타나는 시기입니다. 이런 갑작스러운 변화가 두렵고 당황스러운 것은 아이도 마찬가지입니다. 하지만 영유아기처럼 본능적인 반응을 할 수는 없으니 예민해질 수밖에 없지요.

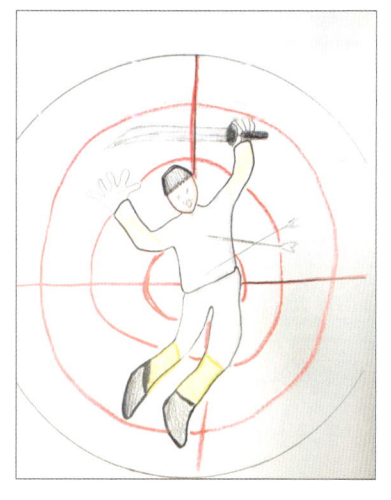

이 그림에서는 어떤 감정이 느껴지시나요? 초등학교 4학년 아이가 그린 그림으로, 사춘기를 겪는 아이의 마음 상태를 너무나 잘 보여 주는 그림입니다. 이 아이는 그림을 그릴 때마다 항상 자신이 창이나 칼 등 무기를 들고, 동시에 자신을 화살이나 칼로 찌르는 모습을 그렸어요. 사실 이 아이는 게임 중독으로 상담을 받으러 온 아이였는데, 아이와 상담을 하면서 아이가 게임에 자꾸 빠져드는 원인이 엄마의 지나친 간섭에 있다는 것을 알게 되었습니다. 엄마의 지나친 간섭과 잔소리가 사춘기를 겪는 아이에게는 너무 공격적이고 강압적으로 느껴졌던 거예요. 이런 경우, 저는 아이 엄마에게 잔소리를 최대한 하지 않도록 부탁드립니다. 언젠가 텔레비전에서 한 전문가가 이런 이야기를 한 적이 있어요. 사춘기 아이는 내 집에 온 손님이라고 생각해야지 내 아이라고 생각하면 안 된다고. 그 말에 참 많은 공감이 되더라고요.

　신체적, 심리적으로 복잡한 변화를 겪는 아이에게 무조건 대화를 요구하는 건 부담스러울 수밖에 없습니다. 강하게 반응하는 아이에게 더 강하게 몰아붙이다간 감정이 극에 치달아 폭발할 수도 있습니다. 그렇다고 마냥 저자세를 취할 수도 없고요. 이 시기에 가장 필요한 것은 부모의 '긍정적, 호의적 태도'입니다. 아이를 앞에 앉혀 두고 말을 하는 것만이 소통은 아니지요. 아이가 말을 걸어올 때마다, 또 아이를 대할 때 평소에 아이의 사소한 말에도 귀 기울여 주고, 호의적인 태도를 보이는 것이 너무나도 중요합니다. 아이의 공간을 인정해 주고, 한 발 물러서 여유 있는 반응을 해 주어야 합니다. 그러면서도 아이가 극심한 스트레스와 감정적 변화에 대응할 수 있게 돕는 존재로 아이의 곁에 있어 주어야겠지요.

　저 또한 아이의 사춘기가 쉽지는 않았어요. 지금 아이가 어떤 마음 상태인지 궁금하긴 하지만, 섣불리 무슨 말을 건네기 어려운 날들이 반복되었죠. 그럴 때 유용하게 사용했던 것이 휴대폰이었습니다. 아이와 추억이 담긴 옛날 사진과 함께 간단한 메시지를 보내는 것이었죠. 아이에게 늘 너의 곁에는 엄마가 있으니 도움이 필요할 때 언제든 엄마를 찾으라는 메시지를 주고 싶었거든요. 답장에 연연하지 않고, 너무 무겁거나 교훈적인 메시지가 아닌 한번 웃을 수 있는 가벼운 응원의 메시지들을 보내니 아이도 조금씩 반응을 해 주더군요.

"너 정말 이럴 거야?"

"얘가 왜 이러나 몰라."

"엄마도 짜증 나. 너만 성질 있는 줄 알아?!"

아이를 다그치며 감정적으로 대꾸하기보다 아이가 자신의 감정을 스스로 말하고 다룰 수 있도록 도와주세요.

활동 1 '오늘의 기분 달력'을 만들어 보자

아이가 스스로 자신의 기분을 파악하고 정리한 다음 말할 수 있게 한발 물러나서 바라보는 지혜가 필요한 때입니다. 아이와 함께 '오늘의 기분 달력'을 만들어 아이의 방문에 붙여 주세요.

❶ 아이와 함께 감정 단어 카드를 만들어 오려 주세요. 단어 옆에 색칠을 하거나 스티커를 붙이거나 표정을 그려 넣어도 좋습니다. 그리고 아이와 감정 단어에 대해 이야기하면서, 이럴 때 부모가 어떻게 해 주었으면 좋겠는지 이야기를 나눠 보세요.

❷ 오늘의 기분 달력을 직접 그리거나 프린트해서 오려 주세요.

❸ 감정 단어와 달력을 코팅한 뒤 잘라 주세요.
❹ 아이의 방문에 달력을 붙여 주세요. 아이가 매일 저녁 자신의 기분을 찾아 감정 단어를 붙이도록 해 주세요. 그리고 감정 단어에 따른 약속을 만들어 보세요. 예를 들어, '괴로운'일 때는 함부로 방문을 열지 않는다. 1시간 동안은 불러내지 않는다. '외로운'일 때는 무조건 1시간 놀아 준다 등의 약속을 정하는 거예요.

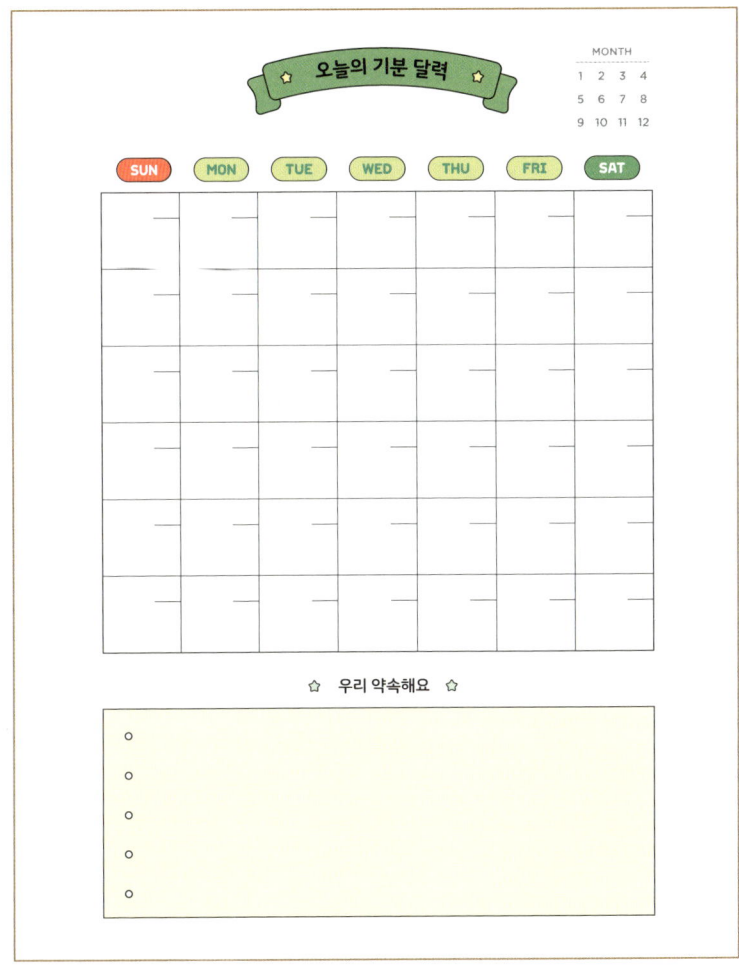

225, 227쪽에 별도의 활동 자료가 있습니다.

사춘기 나도 나를 잘 모르겠어

 **활동 2** 내 얼굴을 그려 보자

자신에 대해 가장 많이 생각하는 때가 바로 사춘기입니다. 거울에 비친 내 모습은 어떤지 그려 보면서 아이가 생각하는 자신의 모습에 대해 함께 이야기 나눠 보세요.

☞ 229쪽에 별도의 활동 자료가 있습니다.

 **활동 3** 　**스트레스를 날려 버리자**

지금 우리 아이를 가장 힘들게 하는 것은 무엇일까요? 숨기고 싶은 것, 말로 하지 못하는 고민, 걱정을 이 가방 속에 그려 넣는 시간을 가지게 해 보세요.

☞ 231쪽에 별도의 활동 자료가 있습니다.

아래 그림들 중에 가장 눈에 띄는 동물은 무엇일까요? 가장 나를 닮은 동물은 무엇일까요? 다시 태어난다면 어떤 동물로 태어나고 싶나요? 아이와 함께 이런 질문들을 하며, 돌아가며 해당하는 동물에 색칠해 보세요.

☞ 233쪽에 별도의 활동 자료가 있습니다.

우리 아이 마음 일기

♥ 오늘 새롭게 발견한 **아이의 모습**

♥ 오늘 새롭게 발견한 **아이의 마음**

♥ 지금 우리 **아이의 마음 상태**는? 어떤 부분을 신경 써 줘야 할까?

♥ 오늘 새롭게 발견한 **나의 모습**

♥ 오늘 새롭게 발견한 **나의 마음**

책을 맺으며

부모에게도
감정 수업이 필요합니다

대학생 시절 학원에서 아르바이트를 했는데, 거기서 한 특별한 아이를 만난 적이 있습니다. 후천성 자폐 스펙트럼 장애를 가진 아이였는데, 아이들을 가르쳐 본 적도 없는 초보 교사인 제가 전담하게 되었습니다. 처음에는 정말 난감했습니다. 커다란 캔버스에 그림은 안 그리고 계속 영어만 쓰고 있는 거예요. 어떤 말을 걸어도 반응은 없고, 이대로 계속 옆에 앉아 있기만 해도 될까 고민은 깊어졌지요. 그러다가 아이가 쓰고 있는 영어 옆에 저도 비슷한 크기로 제 이름을 계속 써 보았습니다. 달리 할 것도 없고, 대화도 어려우니 무작정 제 이름을 반복해서 쓰는 것밖에 할 수 없었지요. 그런데 어느 날 아이의 엄마가 학원을 찾아와서는 저를 찾더군요. 이주영이 누구냐고. 어떤 것에도 반응하지 않던 아이가 집에 와서 '이주영'이라고 제 이름을 계속 썼답니다.

그때부터 아이가 조금씩 단어에 관심을 가지더니 엄마라는 단어도 말하고 아주 늦지만, 변화가 시작되었다고 해요. 그때는 미술치료나 상담을 전혀 모르던 때라 저도 참 얼떨떨하더라고요. 그저 아이의 시선에 맞춰 아이가 하는 활동을 함께했을 뿐인데 그것이 아이에게 도움이 되었다니 참 감사하고 뿌듯했던 기억이 납니다.

아이들은 참 신기합니다. 절대 변하지 않을 것 같던 아이가 아주 작은 계기와 시선으로 놀라운 변화를 보여 주거든요. 사실 아이들이 부모에게 바라는 것은 많지 않습니다. 아이와 시선을 맞춰 주고, 함께 시간을 보내는 것. 아이의 마음을 헤아려 주는 것. 가끔은 아이가 전혀 이해가 안 되는 행동을 할 때가 있습니다. 그럴 때 '얘가 왜 이래? 이거 받아 주면 계속 이러는 거 아니야?'라며 지레 걱정하기보다, 잠시 아이의 입장과 시선으로 상황을 바라봐 주세요. 결국 아이를 나무라야 하는 상황이 되더라도 아이는 부모의 말과 태도에서 이 작은 차이를 금방 느낀답니다.

수십 년 동안 미술치료나 상담을 통해 많은 아이와 부모를 만나면서 가장 크게 느낀 점 한 가지를 꼽으라면, 그것은 바로 '부모의 힘'입니다. 부모는 그야말로 아이의 세계입니다. 그래서 아이의 문제를 들여다보면 부모의 아픔이 드러납니다.

어떤 사람들은 '이그, 부모가 저 모양이니 애가 저렇지.'라고 부모를 무작정 비난합니다. 하지만 그것은 반은 맞고 반은 틀립니다. 세상에 문제나 아픔이 없는 사람은 단 한 명도 없기 때문입니다. 그리고 부모는 자녀를 위해 기꺼이 자신의 문제나 아픔을 직면하려 합니다. 그리고 정말 놀라운 것은 수많은 상담과 치료보다 부모의 변화에 아이가 가장 빠르고 확실하게 반응한다는 것입니다.

지금 부모로 살아가는 모든 분께 제가 마지막으로 감히 드리고 싶은 말씀은, 자신의 부족함이나 상처를 외면하지 말아 달라는 것입니다. 아이의 문제에서 자신의 상처가 건드려진다면, 아이를 기르며 불편한 감정이 자꾸 따라붙는다면, 잠시 멈춰서 자신의 감정을 살펴 주세요. 여러분을 위한 아틀리에를 만들어야 합니다. 혼자 해결하기 힘들다면 도움을 요청해도 됩니다. 그런 분들에게 이 책이 꼭 필요한 도움이 되기를 소망해 봅니다.

오늘도 아이를 향한 사랑으로 기꺼이 자신을 희생하고, 더 좋은 사람이 되고자 매 순간 노력하는 모든 부모에게 감사와 존경을 전합니다.

2023년 눈부신 여름날 아틀리에에서
이주영

활동 자료 모음

본문에 나오는 활동 자료들을 모두 모았습니다.
편하게 오려서 사용하세요.

왼쪽의 큐알코드를 찍으면
활동 자료를 다운로드 받을 수
있습니다.

SUN	MON	TUE	WED	THU	FRI	SAT
○	○	○	○	○	○	○
○	○	○	○	○	○	○
○	○	○	○	○	○	○
○	○	○	○	○	○	○
○	○	○	○	○	○	○
○	○	○	○	○	○	○

좋아하는 색을 칠해 볼까요

싫어하는 색을 칠해 볼까요

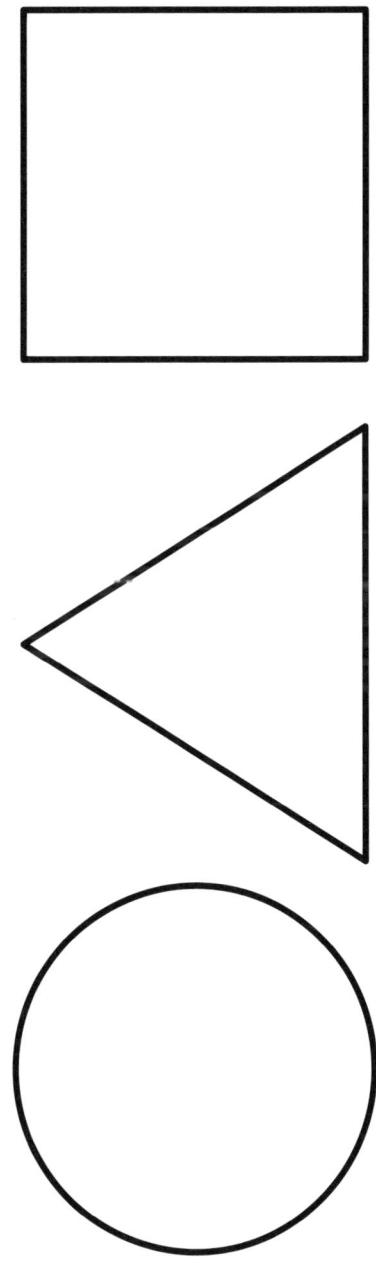

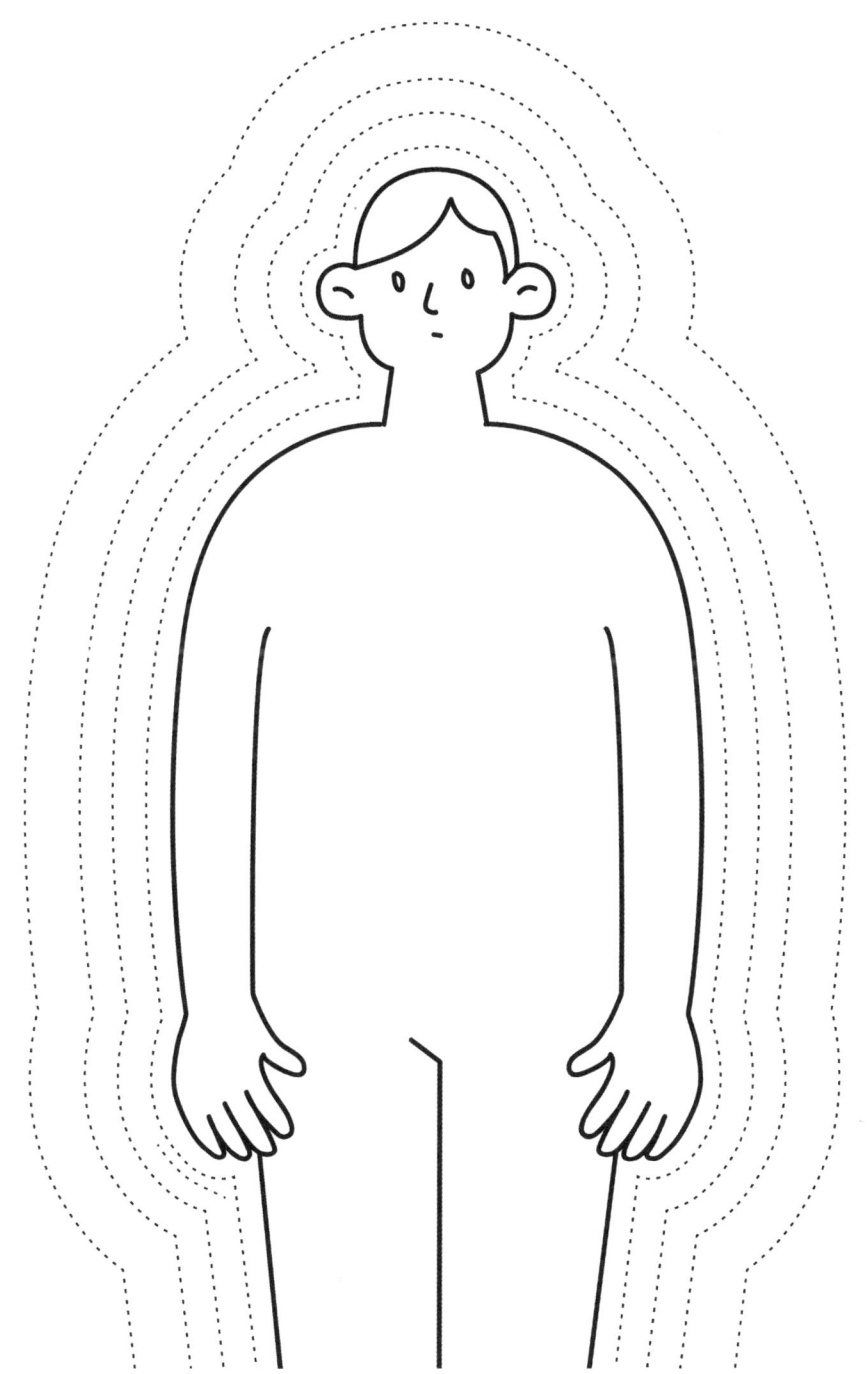

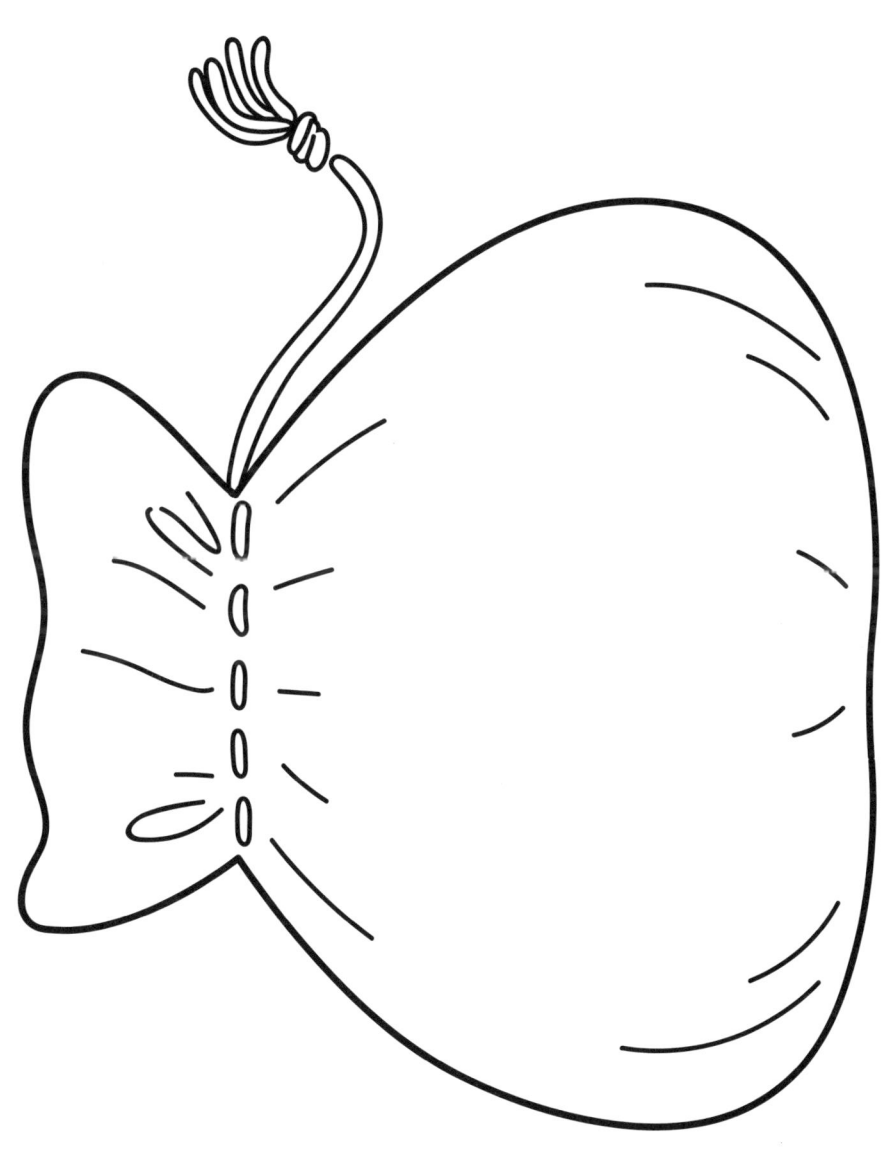

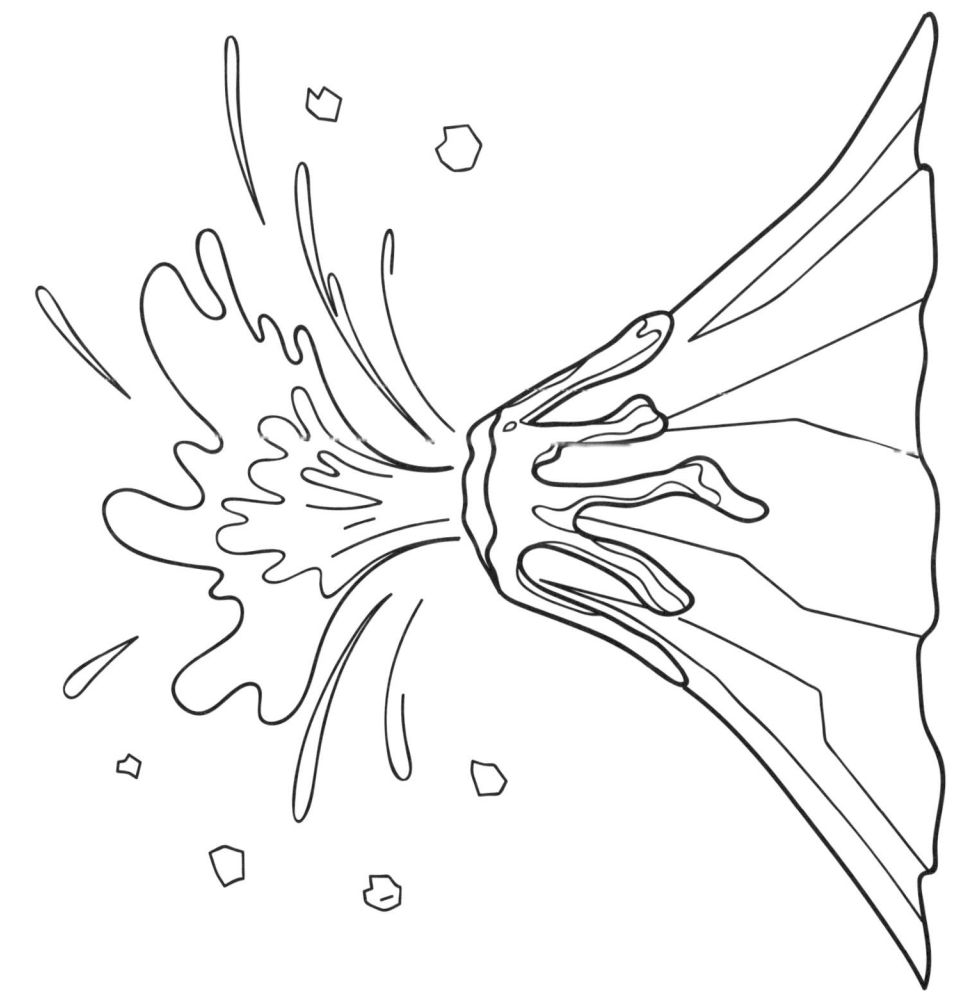

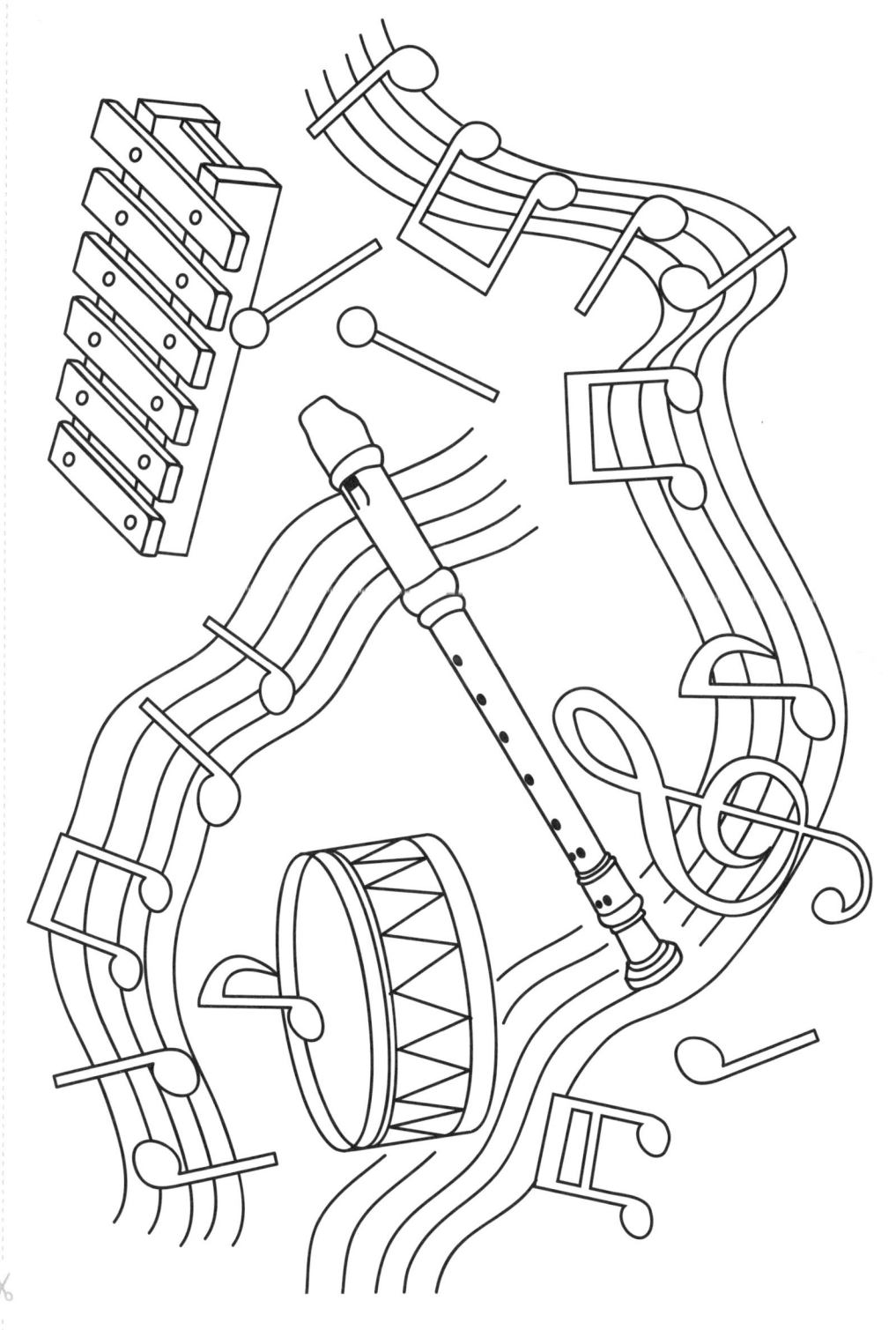

표정차트

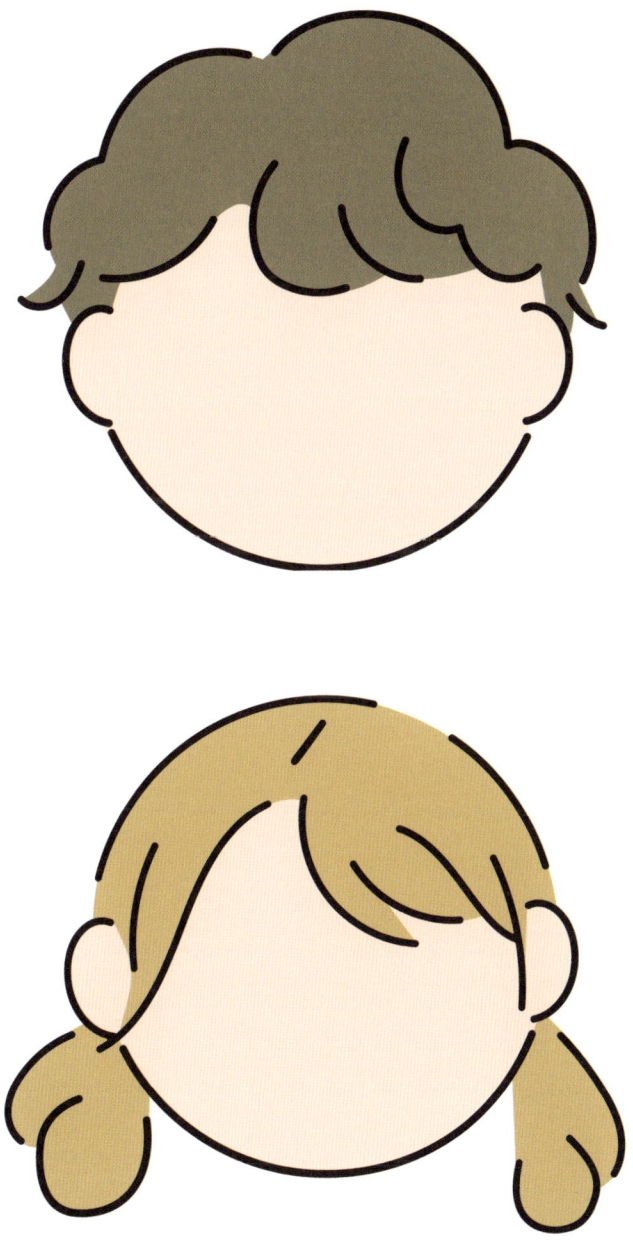

기쁜

감동적인	고마운	기대되는	당당한	만족스러운	반가운
발랄한	밝은	뿌듯한	사랑하는	설레는	신나는
열정적인	용기 있는	자신 있는	재미있는	좋아하는	즐거운
편안한	행복한	활기찬	흥겨운	흥미로운	힘찬

부끄러운

난감한	당혹스러운	당황스러운	민망한	부담스러운	수줍은
수치스러운	쑥스러운	어려운	어색한	위축된	자신 없는
찝찝한	창피한	치욕스러운	혼란스러운		

화나는

괴로운	귀찮은	답답한	미운	분한	상처받은
샘나는	섭섭한	속상한	신경질 나는	싫은	심통 나는
약 오르는	억울한	열 받는	좌절한	지겨운	질투 나는
짜증 나는					

슬픈

걱정스러운	고민스러운	기운 없는	따분한	마음 아픈	막막한
멍한	미안한	불쌍한	서러운	시큰둥한	실망스러운
아쉬운	안타까운	외로운	우울한	울적한	의욕 없는
재미없는	조심스러운	지루한	피곤한	허전한	허탈한

무서운

겁나는	고통스러운	공포스러운	괴로운	굳어 버린	긴장된
두려운	떨리는	불안한	살 떨리는	소름 끼치는	싸늘한
오싹한	조마조마한	주눅 드는	진땀 나는	초조한	

오늘의 기분 달력

SUN	MON	TUE	WED	THU	FRI	SAT

☆ 우리 약속해요 ☆

-
-
-
-
-

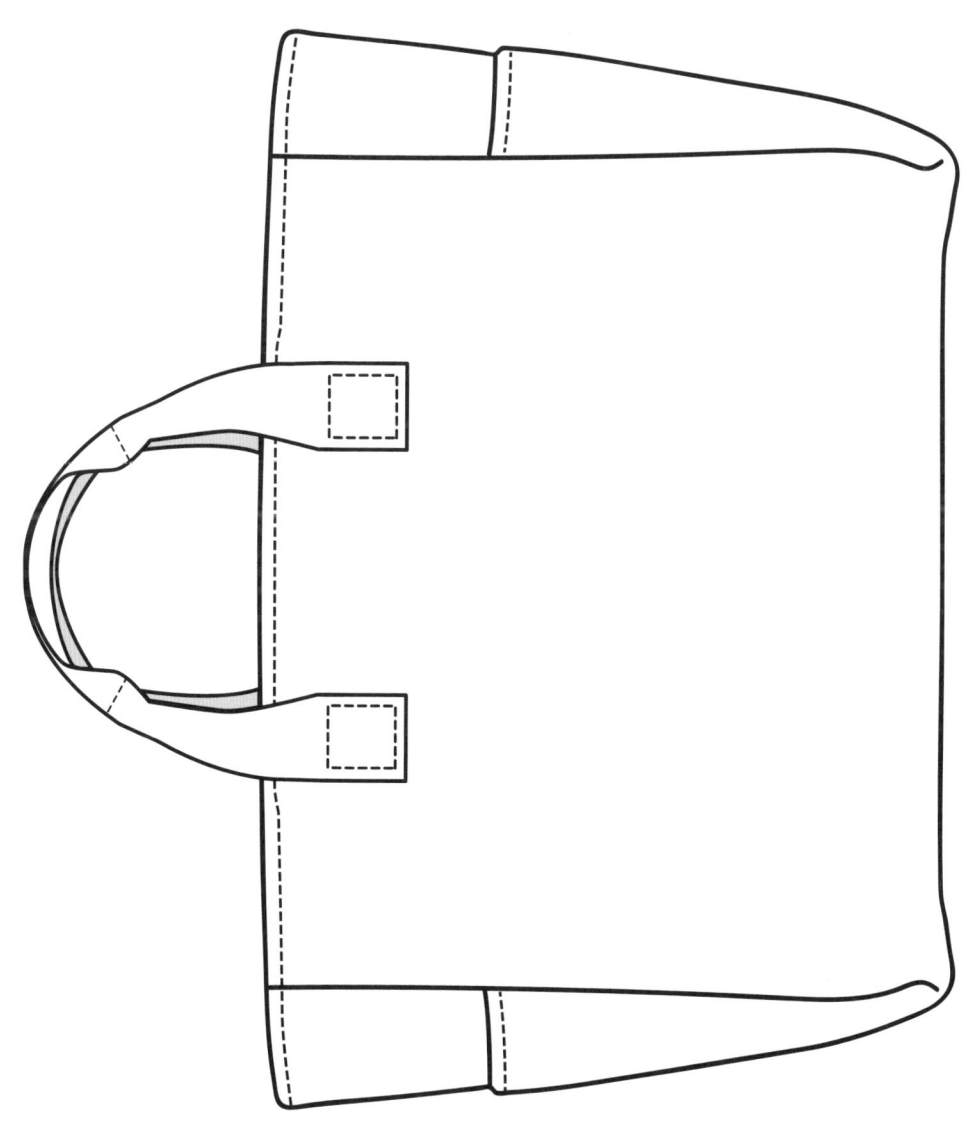

오늘 내 마음은 빨강

1판 1쇄 발행 2023년 8월 8일

지은이 이주영
펴낸이 김유열

편성센터장 김광호 | **지식콘텐츠부장** 오정호 | **지식콘텐츠부·기획** 장효순, 최재진, 서정희
마케팅 최은영 | **제작** 윤석원 | **북매니저** 윤정아, 이민애, 정지현, 경영선
책임편집 전윤경 | **디자인** 싱아 | **인쇄** 우진코니티

펴낸곳 한국교육방송공사(EBS)
출판신고 2001년 1월 8일 제2017-000193호
주소 경기도 고양시 일산동구 한류월드로 281
대표전화 1588-1580
홈페이지 www.ebs.co.kr
전자우편 ebs_books@ebs.co.kr

ISBN 978-89-547-7795-7 (13590)

ⓒ 이주영 2023

이 책은 저작권법에 따라 보호받는 저작물이므로 무단 전재 및 무단 복제를 금합니다.
파본은 구입처에서 교환해 드리며, 관련 법령에 따라 환불해 드립니다.
제품 훼손 시 환불이 불가능합니다.